斗室的回忆
罗哲文题

——史树青先生纪念文集

文物出版社

史树青先生

饱学育人鉴古溢今

吴梯青先生纪念文集出版

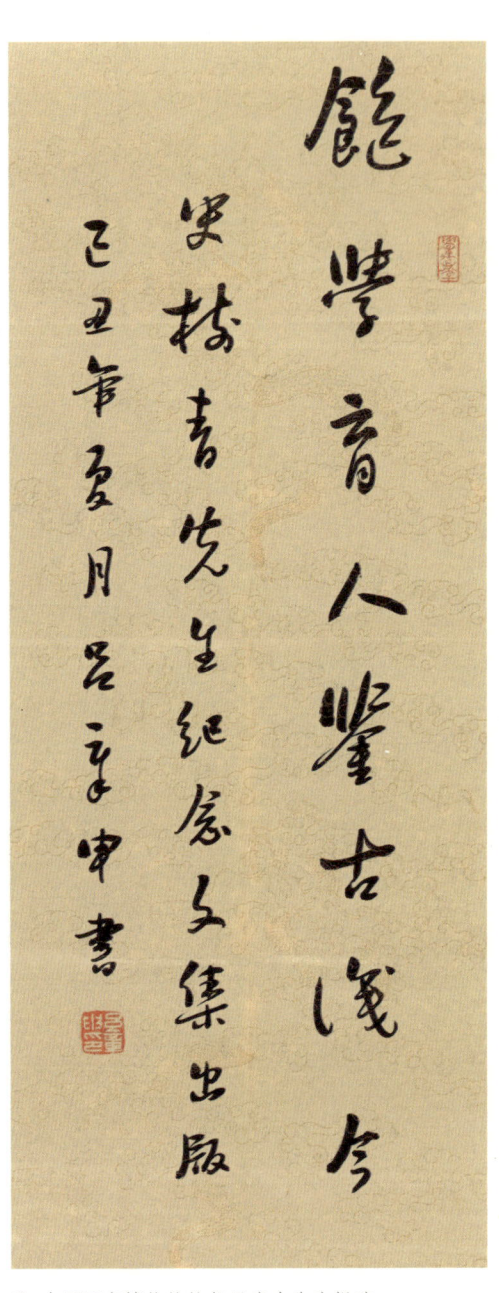

己丑年夏月 吕章申 书

◎ 中国国家博物馆馆长吕章申先生题辞

缅怀恩师忆友 文坛大家

史公树青精神永垂不朽

耿宝昌敬书

◎ 鉴定大师耿宝昌先生题辞

辑成了"斗室回忆"一书以为纪念,特吟成小诗一首并恭书之,以寄对老友怀念之情。

博学多才号杂家,
诗书翰墨满京华。
平生赢得真情在,
老友魂兮梦笔花。

罗哲文
戊子年初秋

◎ 罗哲文先生序文

怀念史树青同志诗一首并有序

我和史树青同志相交六十年,在新中国成立之后,我们共同为文博事业奔走效命了半个多世纪。他的博学多才,对各种文物都有很高的造诣,堪以集诸子百家之长的杂家称之。尤其是心情坦率,诤诤直言,可钦可佩。

兹有文博界同志诸公及生前友好为之编

◎ 罗哲文先生序文

◎ 著名学者、书法家、教育家欧阳中石先生题辞

树德授艺 青史长存

学习史老敬业精神

吕济民

◎ 吕济民先生题辞

目 录

怀念史树青同志诗一首并有序………………………………… 45
　　罗哲文
怀念史树青先生………………………………………………… 46
　　单霁翔　张柏　董保华　童明康
学习史树青先生鞠躬尽瘁的敬业精神………………………… 48
　　吕济民
缅怀尊敬的史树青先生………………………………………… 53
　　闫振堂
怀念史树青先生………………………………………………… 55
　　张文彬
忆史树青先生的国文课………………………………………… 59
　　李学勤
索余题句　助我研红…………………………………………… 61
　　——怀史树青先生　周汝昌
怀念史树青先生………………………………………………… 65
　　杨伯达
怀念史树青先生………………………………………………… 68
　　冯其庸
怀念史树青先生………………………………………………… 72
　　孙机
挽树青学长……………………………………………………… 73
　　叶嘉莹
两件小事………………………………………………………… 74
　　——纪念我的好学长史树青　梁天俊
怀念史公树青…………………………………………………… 76
　　王宏钧
亲切可敬　诲人不倦…………………………………………… 77
　　——深切缅怀史树青先生　陈华莎

永远怀念史树青先生……………………………………………… 80
　　刘东瑞
永远难以忘怀的记忆…………………………………………… 88
　　吕长生
忆史公…………………………………………………………… 92
　　易苏昊
心的祭奠………………………………………………………… 94
　　——缅怀史树青先生　张捐中
谦和恭谨　鸿辞博学…………………………………………… 98
　　记史树青先生二三事　丁山
征史探源　去伪存真…………………………………………… 101
　　——忆史树青先生的鉴藏人生　张丁
名家追忆　引我东京入梦思…………………………………… 109
　　——深切缅怀史树青先生　宋国玉
缅怀史树青先生………………………………………………… 112
　　叶佩兰
仁者爱人………………………………………………………… 114
　　——怀念史树青先生　吴占良
深痛悼念敬爱的史树青老师…………………………………… 119
　　我与史老师在交往中的回忆　王敏之
回忆史老二、三事……………………………………………… 125
　　贾文忠
心地单纯、为人宽厚的长者…………………………………… 129
　　——怀念导师史树青先生　胡妍妍
斋主与史树青…………………………………………………… 132
　　——悼史树青师　田国福
缅怀敬爱的史树青先生………………………………………… 134
　　骆芃芃

追忆国宝鉴定大师史树青莅连鉴宝 ······ 137
　　张锋　彭长贵

风雨感别魂　幽香到晚清 ······ 144
　　——怀念鉴定大师史树青　王健

风松雪竹　气清骨秀 ······ 150
　　——我心目中的史君长先生并其书学书艺　刘学青

史先生二三事 ······ 163
　　张铁英

记与史树青先生交往的几件小事 ······ 170
　　唐吟方

随史树青先生考察临淄文物市场见闻 ······ 174
　　唐健钧

史树青先生纪事 ······ 188
　　——怀念恩师史树青先生　荣宏君

怀念史树青先生 ······ 191
　　任伟　刘小莩

今年黄花最忆人 ······ 196
　　——深切怀念史树青先生　张国维

圆融自在　妙造天真 ······ 198
　　——读《史树青金石拓本题跋选》有感　汪盛伟

史老教我学鉴定 ······ 203
　　——记恩师史树青先生　傅宝世

怀念史树青先生 ······ 205
　　张守中

云山苍苍　江水泱泱 ······ 209
　　——史树青先生二三事　王本兴

追忆恩师"鉴藏泰斗"史树青 ······ 212
　　欧阳摩一

史树青先生的赠书 ······ 215
　　董宝瑞

鉴定献宝，与国宝齐名
慧眼直言，留笑颜人间，《国宝档案》为您讲述 ······ 217
　　——史树青与国宝　王军

史树青的故乡情怀 ································· 222
　　徐兴信

吊国宝大师——史树青 ····························· 224
　　峰梅

"二刻"情缘 ······································· 226
　　——再晤鉴宝大师史树青　李洪甫

十年前初夏的那次聆听 ····························· 235
　　贾靖宏

感念史树青 ······································· 238
　　刘晓燕　姜志茹

追忆史树青先生 ··································· 240
　　韦君琳

最后的探访 ······································· 242
　　曹建忠

先生，我们会好好读书 ····························· 245
　　——追忆与史树青的二、三事　刘仝保

挽联 ··· 251
史树青先生生平 ··································· 259
后记 ··· 262

◎ 2005.4.16 中央电视台拍摄《大家》现场与夫人夏玫云合影

◎ 2007 年青岛

◎ 2004.2 沧州考察铁狮子

◎ 1999.7 北戴河参加朱启钤纪念亭揭幕典礼后留影

◎ 与20世纪40年代辅仁大学中文系同班老同学叶嘉莹教授（右一）和夫人夏玫云在韦伯豪家中合影

◎ 2000.1.12 在昆明石林

◎ 1999.5 在山东淄博考察

◎ 2000.1.6 在四川二滩水电站

◎ 2006年参加中国篆刻艺术研究院成立大会

◎ 2004.11.21在紫檀博物馆

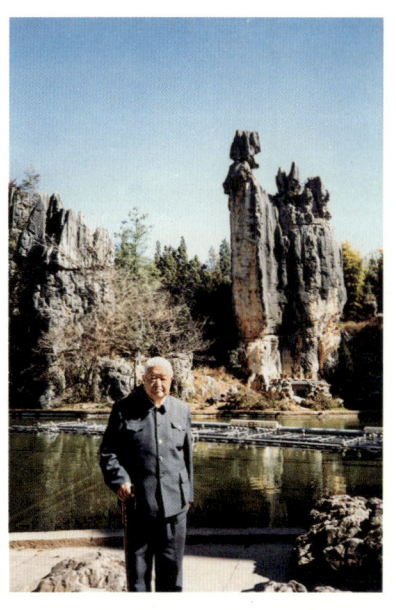

◎ 2000.1.12 昆明石林阿诗玛石像前　　◎ 2006年参加中国篆刻艺术研究院成立大会

◎ 2000.5 在浙江含周参加"藏画于民"活动

◎ 2000.4 在山东淄博考察

◎ 参观重庆大足石刻

◎ 2004.3 广东东莞石龙镇鉴定家具

◎ 1999.6.11 在浙江瑞安玉海楼

◎ 1999.6.11 浙江瑞安参观玉海楼，鉴定并题字

◎ 2004.3 广州东莞石龙镇

◎ 2007年在中国艺术研究院鉴定书画

◎ 史先生为群众鉴定文物

◎ 2004.9.12 辅仁大学老同学合影

◎ 2006.9 在长春参加溥仪国际研讨会时与海国林合影

◎ 左二：史树青、左三：夫人夏玫云、第四人：陈华沙、第五人：刘东瑞

◎ 1089.4 在扬州全国研讨班授课与全体学员合影

◎ 2001 参加陈垣先生诞辰120周年学术研讨会

◎ 2000.9.9重阳节在钓鱼台

◎ 参加纪念殷墟127甲骨南京室内发掘70周年学术报告会

◎ 回老房子看看,找回童年的记忆,是史老晚年的一大快事。

◎ 史树青先生参加风雅颂名人俱乐部活动

◎ 史树青先生与友人在"国服盛装迎春茶话会"上合影

◎ 史树青先生出任中国艺术研究院中国篆刻艺术院顾问。

◎ 史树青先生在"普洱秋韵——古琴演奏会"上品茶。

◎ 史树青先生与友人在"国服盛装迎春茶话会"上合影

◎ 20世纪90年代史先生参加浙江绍兴曲水流觞

◎ 参观"慈禧太后、宣统皇帝与颐和园"展览后与　合影

◎ 20世纪90年代史先生参加浙江绍兴兰亭书法艺术学术院主体工程落成典礼

◎ 2006年参加中国篆刻艺术研究院成立大会

◎ 2001年参加陈垣先生诞辰120周年学术研讨会，史先生与故宫博物院研究员朱家溍先生

◎ 2004年夏在"中国民间艺术品展暨圆明园国宝展"

◎ 2006年中国艺术研究院中国篆刻艺术院成立典礼现场。

◎ 2007年9月19日，史树青先生在中国艺术研究院中国篆刻艺术院周年庆典典礼上讲话。

◎ 史树青先生参加风雅颂名人俱乐部春茶会

◎ 2007年9月21日中国艺术研究院中国篆刻艺术院顾问史树青及部分研究员一起参观中国艺术研究院藏品展。

◎ 在艺术品鉴定方面,史树青先生主张见物见人。

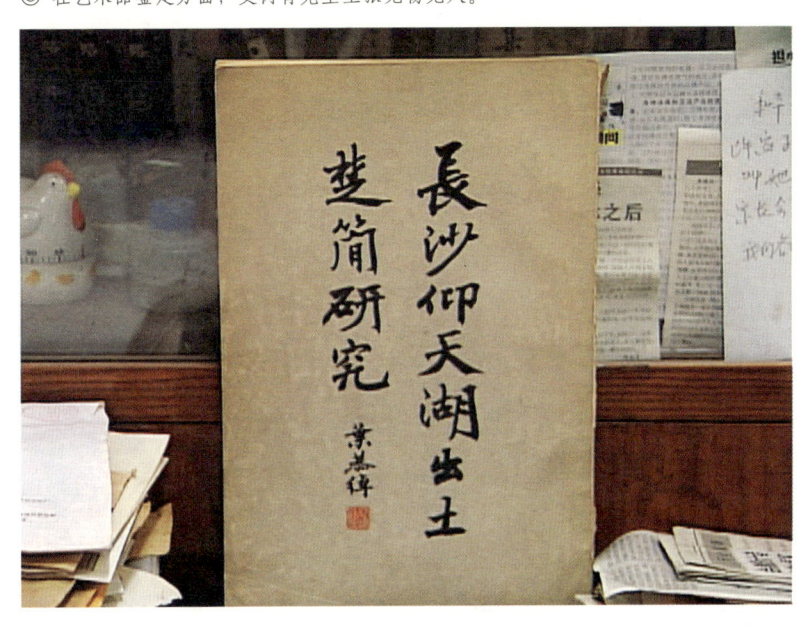

◎ 史树青先生的第一本学术专著《长沙仰天湖出土楚简研究》

◎ 史树青先生介绍石拓片题跋的意义

◎ 史树青先生说:"只要是真东西,价格高一点儿也不吃亏。"

◎ 史树青先生在北京东堂子胡同的旧居

◎ 史树青先生的"竹影书屋"

◎ 史树青先生在看他中学毕业纪念册

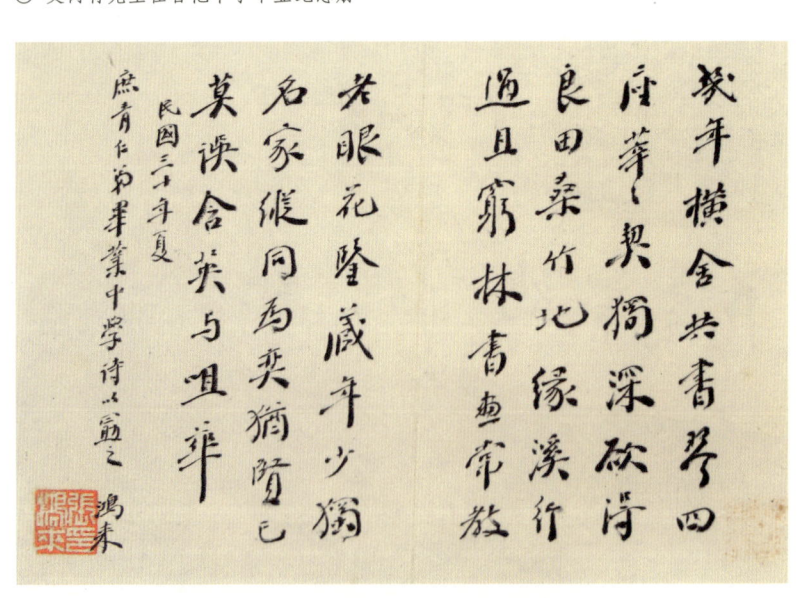

◎ 1941年，北京师大附中张鸿来老师史树青所出的赠诗手迹

◎ 史树青先生与吴占良

◎ 荣宏君与史树青先生

◎ 史树青先生与朱家溍先生（右）、耿宝昌先生（左）胡妍妍（左二）在一起鉴定文物

◎ 史树青先生给嘉德拍卖公司的客人做讲座

◎ 史树青先生在嘉德拍卖公司鉴定

◎ 史树青先生与启功先生

◎ 史树青先生在中国艺术研究院鉴赏书画作品。

◎ 史树青先生在中国艺术研究院中国篆刻艺术院顾问研究员作品欣赏会上。

◎ 史树青先生在大连机场

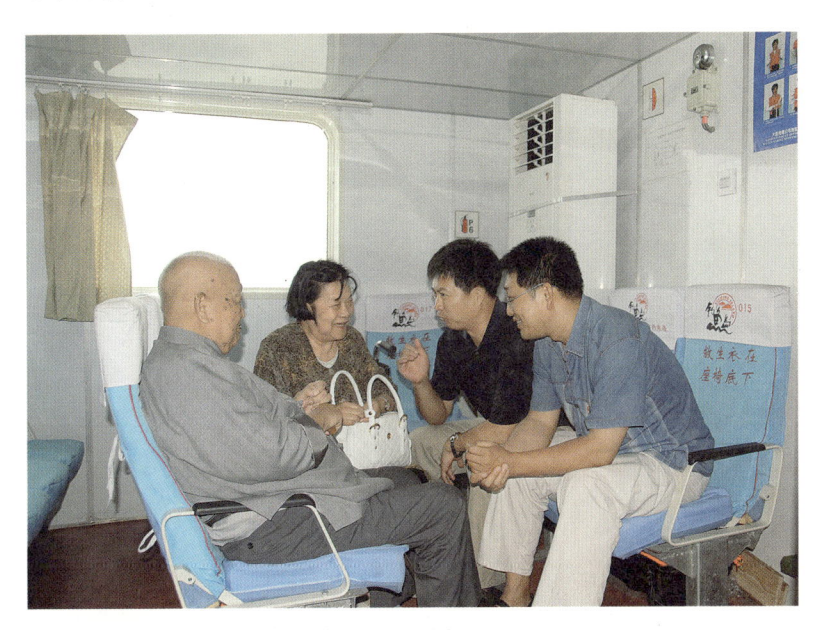

◎ 在大连大长山岛的游艇中

◎ 参观大连海参博物馆

◎ 大连大长山岛海滨

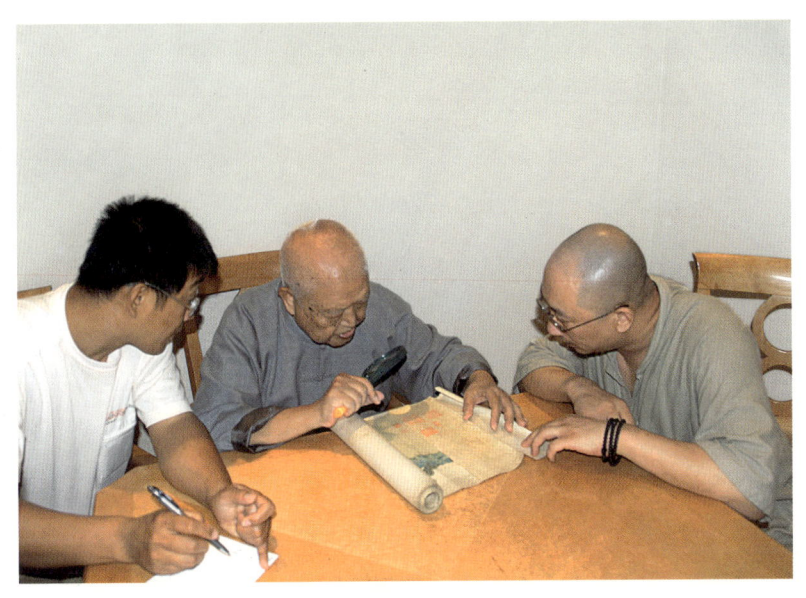

◎ 在大连鉴定书画左为张锋右为书法家武威

◎ 在大连题跋左为张锋右为赵成明

◎ 法书墨宝

◎ 史树青先生与王健在一起

怀念史树青同志诗一首并有序
罗哲文

我和史树青同志相交六十年代，新中国成立之后，我们共同为文博事业奔走效命了半个多世纪。他的博学多才，对各种文物都有很高的造谐，堪以集诸子百家之长的杂家称之。尤其是心情坦率，净净直言，可钦可佩。

兹有文博界同志诸公及生前友好为之编辑成了"斗室回忆"一书以为纪念，特匆成小诗一首并恭书之，以寄对老友怀念之情。

博学多才号杂家，诗书翰墨满京华。

平生赢得真情在，老友魂兮梦笔花。

戊子年初秋　罗哲文

怀念史树青先生

单霁翔　张柏　董保华　童明康

2007年11月7日凌晨，著名学者、文物鉴定专家、国家文物鉴定委员会副主任委员史树青先生因病不幸逝世，享年86岁。对于史树青先生的逝世，文博界同志深感悲痛。

史树青先生的一生，是将毕生心血与智慧奉献于文物研究，奉献于博物馆事业的一生。1947年，史树青先生从北平辅仁大学毕业后，便来到当时的国立中央博物院北平历史博物馆工作，开始了他长达60年的文物工作生涯。新中国成立后，先生参与中国历史博物馆恢复工作，负责文物藏品的征集与保管，在文物征集、入藏、编目、保管等方面做了大量艰苦细致的开创性工作。在博物馆藏品管理制度建设上，他研究提出的"制度健全、账册清楚、鉴定确切、编目详细、保管妥善、使用方便"原则，被列入《文物藏品管理办法》，成为规范全国博物馆文物藏品管理工作的基本原则。在文物征集方面，他在认真负责、科学研究的基础上，为国家抢救、保护了大量珍贵的历史文物。经先生鉴定征集的《成吉思汗画像》被评定为国家一级文物，丰富了中国国家博物馆元代文物的馆藏；经先生介绍捐赠的《北凉沮渠安周造寺碑》孤本，提供了十六国时期西北地区少数民族与汉族关系的珍贵史料，填补了北凉沮渠历史研究的空白。1980年，他率先考证出江苏孔望山摩崖石刻为我国现存最早的东汉佛教石刻，从而确立了孔望山摩崖石刻在佛教史、中外关系史和早期佛教艺术研究方面极其重要的历史地位和学术价值。

史树青先生的一生，是勤奋求学、严谨治学的一生。先生曾受教于陈垣、于省吾、启功等国学大师。其一生博览群书，征史探源，学养深厚。先生于学，既术业专攻，又是广采百家，博中有专，精益求精。在学术考证时，往往旁征博引却又信手拈来，令人叹服。先生一生勤于著述，出版了多部学术著作，其《长沙仰天湖出土楚简研究》《应县木塔辽代密藏》《楼兰文书残纸》《史树青金石拓本题跋选》等著作具有很高的学术价值。先生晚年仍笔耕不缀，将其主要学术论文汇编成集。作为国家文物鉴定委员会副主任委员，先生以其深厚的学术修养为根基，在文物鉴定方面取得突出成就。先生提倡眼学与科学相结合、文物与文献相结合、出土文物与传世文物相结合的鉴定原则。对于先生来讲，鉴定仅仅是一个开始，通过文物鉴定来研究、展现、宣传中国悠久的历史文化才是其最终目的。

史树青先生的一生，是淡泊名利、无私奉献的一生。先生为人谦和，待人诚恳，朋友众多。作为一位宽厚仁爱、德高望重的长者，他提携后进，爱护青年。他身兼多所名校教授，频繁登上文博专业培训的讲坛，培养了众多年轻学人，桃李满天下，享誉海内外。他藏而不私，将自己早年珍藏的许多珍贵文物无偿捐献给国家。在故宫博物院景仁宫为文物捐赠者设立的"景仁榜"，"史树青"三个字就名列其中。

史树青先生为祖国的文物保护和博物馆事业贡献了毕生精力，作出了重要贡献，留下了丰富的著述，留给文博界无尽的缅怀与思念。谨代表全国文物工作者向史树青先生致以深深的敬意。

学习史树青先生鞠躬尽瘁的敬业精神

吕济民

中国国家博物馆资深研究员、国家文物鉴定委员会副主任委员、南开大学历史系兼职教授、北京大学考古学系研究生导师史树青先生虽然离开了我们,但他那种对文博事业的敬业精神,对工作高度认真负责,对学术研究治学严谨,严于律己,宽厚待人,廉洁奉公的高尚品德,都是我们学习的榜样。为此,我写了一幅悼幛"树德授艺,青史长存",以作奠念。

我同史树青先生相识是1972年秋开始的。当时我刚从"文化部咸宁五七干校"调回北京,在故宫武英殿上班,单位名称是"出国文物展览委员会办公室",主要工作是筹办出国文物展览并编辑图录。我们从咸宁五七干校调回的七人,同史树青先生及多位老专家老教授,在武英殿工作过很长一段时间。当时最重要的事情是筹办"中华人民共和国出土文物展览",这个展览必须全部是出土文物,年代从60万年前兰田猿人起到明万历止,展品大约500件,全国各省、市、自治区都应有展品参加。这件事是郭沫若写报告经周恩来总理批准的,实际工作由王冶秋负责。王冶秋报经国务院批准,从北京和外地借调一批老专家和中年干部,在武英殿进行筹备工作。我有机会经常看到和接触到史树青先生,知道他为筹备这项展览做了大量的工作。后来这个展览到国外几十个国家展出,取得了非常好的效果。有一次到日本展出，王冶秋为代表团团长，史树青为团员之一，我当时在国家文物局工作，到机场为他们送行，在机场贵宾室还见到史先生的夫人夏老师，至今记忆犹新。

  1971年故宫博物院重新开放后，连续举办了多项文物展览，如"无产阶级文化大革命期间出土文物展览"、"五省出土文物展览"、"中国历代名画展览"和"明清工艺美术展览"等。史树青参与了这当中的一些鉴选、布陈和图录工作，对其中的一些展品进行过深入研究和鉴赏。他在《对"五省出土文物展览"中几件铜器的看法》中讲"故宫博物院举办了'五省出土文物展览会'，陈列的各地出土的两周铜器，郭沫若、李亚农、唐兰、陈梦家、陈邦福、岑仲勉、李学勤诸先生，已经都有专文论述，对我国历史的研究，作了很重要的贡献。这里，把我对展览会中几件铜器的看法写出来，如果没有错误，就算是一点补充"。他在文中对安徽寿县蔡侯墓年代问题，铜鉴的用途问题，匕和鼎、鬲的关系问题，都提出了自己的意见。由此可以看出，他对工作一丝不苟和对学术研究的严谨精神。

  1972年12月，我跟随王冶秋赴长沙参加"马王堆汉墓女尸解剖座谈会"。这次会议是王冶秋报经国务院批准并奉周恩来总理指示召开的。这是马王堆一号汉墓。后来根据周恩来总理批示，又发掘了马王堆二号、三号汉墓。这三座西汉早期墓出土珍贵文物3,000多件，特别是出土有帛书、帛画、竹木简牍、漆木器和丝棉服饰等稀少罕见的珍品，其中帛书的学术价值极高，涵盖的内容也极广，引起了众多专家学者的浓厚兴趣，史树青就是其中之一。我在多次专家座谈会听到他的发言，也阅读过他撰写发表的文章，确有很多真知灼见。如《读长沙马王堆帛书》（载《文物》1974年第9期）有云"马王堆出土的帛书，每行都有极细的朱丝栏，从形式看，很像编的简册，可见帛书出现的时间，要晚于竹书，帛书行格是模仿竹书的形式"。又云"马王堆同出的竹书中，有一部分竹简，记载'黄帝问于容成'、'黄帝问于天师'（即岐伯）等，都是有关医药养生之道的内容，有的同志认为它与《汉书·艺文志》所著录的《黄帝外经》有关"。还有云"马王堆出工的帛书中，《五星占》几次见到"张楚"年号，而且紧接秦始皇三十七年，说明西汉政权是刘邦领导农民军推翻了秦王朝"。这就说明，帛书不仅有很高的研究价值，还能有填补历史空白的作用。

1972年9月，中国历史博物馆的"中国通史陈列"进行重大修改，这次修改的特点是：打破王朝体系，每个历史阶段以"农民起义打头"。这实际上是另起炉灶，改写历史，问题很多。王冶秋将中国通史陈列"以农民起义打头"和当时高等学校历史系只讲帝国主义侵华史、农民战争史、中共党史、国际共运史，就是不讲通史的情况向周恩来总理汇报后，总理说："农民战争打头，岂不成了农民起义失败史了吗？农民战争打头，看不见剥削压迫，没有压迫哪来的反抗呢？怎么会起来农民战争呢？高等学校教学还是要讲通史。"又说"统一是中国历史的主流，在中国通史陈列中要反映。"根据周恩来总理指示，中国通史陈列重新进行调整，这一调整连续了三年，我在这个漫长的调整过程中，同史树青先生有了不少的交往和接触。1973年2月国务院决定成立了国家文物事业管理局，王冶秋为局长，我在文物局博物馆处工作，调整修改中国通史陈列由王冶秋直接领导，我常跟随他参加会议和展厅展品处理等实际工作，因而同史树青接触较多，多次听到他提出的一些问题、意见和建议。有一次谈到秦末西汉初期怎么摆，秦二世怎么提，陈胜吴广怎么处理，看法不一，意见不太集中。史先生说：陈胜吴广失败后，是刘邦推翻了秦二世，打头的应该是刘邦。还有一次谈到明末清初的李自成，看法和意见极为分散，争论很大。李自成是农民军失败、明朝灭亡、清朝入关、甚至历史的转折都是关键，摆不摆，怎么摆，如何评价，通史怎么反映，确有很多难题。史先生针对这种情况，提出了一些中肯的意见：

李自成一定要摆，是历史上一个重要人物，但又不能多摆，也没有多少东西摆，就摆京城、皇宫这一段，摆李自成在武英殿执政这一段。调整后的李自成开间有李自成一幅塑像和一幅画像，还有武英殿两张大照片（一旧一新），文物确实很少。1973年中国历史博物馆从山西找到李自成大顺政权留下的"临县学正之记"铜印，史树青专门为此撰文《李自成大顺农民政权的铜印》（载《光明日报》1974年1月6日）。

1986年3月，国家文物鉴定委员会成立。这是国家级文物鉴定学术权威机构，设书画碑帖组、陶瓷组、铜器组、玉器组、货币组、古籍组和杂项组，委员54人，启功任主任委员，史树青任副主任委员。有两大项重要任务：一，把好文物出口关；二，做好全国博物馆藏品分级工作。我当时为文物局局长，在成立大会上致辞，题为《进一步加强文物鉴赏工作》（载《博物馆暨文物工作论丛》文物出版社1992年出版），还祝愿各位委员在今后工作中，取得更大的成效，做出更大的贡献。史先生从那时起的二十多年，尽职尽责，跋山涉水，足迹踏遍全国，为完成国家文物鉴定委员会两大任务，取得了卓越的成效，做出了巨大的贡献。

2006年春节，中央电视台经济频道为全国电视观众，举办CCTV首届赛宝大会。总导演李建伟在《民间赛宝》一书中是这样表达对史树青的尊敬和谢意的："收藏捧出五千年文化，赛宝留住八万里春光，这两句话是首届大会开场的一幅对子，记得史树青先生来到节目现场第一眼就看到了，当时他还非常兴奋地为大家做了解释。收藏捧出五千年文化指的是历史，是时间；赛宝留住八万里春光指的是地域，是范围；人们常说纵横八万里，上下五千年，说的就是我们中华民族，它是我们国家的一个标志。CCTV首届赛宝大会就是在这样的标志下，搭起了舞台，拉开了帷幕。"（载《民间赛宝》经济日报出版社出版）这样的老专家也在台前幕后为广大电视观众服务。

史树青先生将毕生精力和心血,奉献文物博物馆事业,奉献中国国家博物馆,奉献广大民间文物收藏爱好者,为国家为民族为社会做出了重大贡献,他的业绩和贡献将永垂青史。

缅怀尊敬的史树青先生

闫振堂

2007年11月7日，国家文物鉴定委员会副主任、中国国家博物馆研究员、中国收藏家协会名誉会长，尊敬的史树青先生因病逝世，享年86岁。全国的文博工作者，收藏家和收藏爱好者，都非常怀念史先生。

史树青先生与启功、徐邦达、杨仁恺先生并称为中国四大书画权威鉴定专家。他在文博界辛勤耕耘，访古鉴古60年，一生过目文物达一百余万件。为中国的文博事业，民间收藏事业都做出了巨大的贡献。史先生学识渊博，根基厚实，他头脑中不仅记着历史上五、六千名书画名家的简历，艺术风格特点，还记着许许多多的旁征博引，相关人物、器物、地名、事件、故事、诗词及奇文佳句等等。因此，被文博界、收藏界誉为"文物百科全书"。

史树青先生，既是文物鉴定家，又是收藏家。几十年来，他收藏了很多书籍，碑帖，善本古籍，以及书画、砚台等等。其中，仅书籍就收藏了两三万册。他曾作为藏书的体会写了《书缘十咏》10首。"十缘"即是：买书、收书、点书、抄书、选书、校书、藏书、品书等。这些书籍是他一生中最大的财富，也是他丰富学识的根本源泉。史先生，一生中有着良好的读书习惯。他还把读书作为强身健体，延年益寿的重要手段。他说，"读优美典雅的诗篇，有利于胃病的愈合；

读幽默小品之类的书，有助于神经衰弱的医治；读小说能使人精力集中，有助于健康。书籍不但给人以文化教养、还兼有对紧张心理迅速抚慰、消除的效果，哪怕是随意翻翻，也能起到充电和解乏的作用。"

史树青先生，既重视国有收藏，又非常关心民间收藏。他是中国收藏家协会的创始人之一，第一任会长。换届时，又任名誉会长。在中国收藏家协会成立的十年中，他为协会的各项建设，特别是业务建设做了大量工作。凡是协会开展的较大的业务活动，他都积极主动地出席。给大家讲收藏，讲知识，讲鉴定，讲政策，给了大家很多支持和鼓励，从而使协会建设沿着正确健康的道路向前发展。史先生出席的每次活动，他德高望众的影响力，都在全国造成了良好的影响。

史树青先生，不仅是一位博学多才的学者，和蔼可亲的长者，还是广大的收藏家、收藏爱好者的良师益友。只要向他求教，他从不推辞，而且是满腔热情地给大家讲述鉴定知识，文博知识，收藏知识，做人的知识。使大家从他身上学到了许多知识、技能，感受到了人生的价值和美好的鼓励。史先生是五、六个大学的教授、研究生导师，为我们国家培养出了不少文物和艺术收藏品鉴赏、鉴定的专业人才。

尊敬的史先生把自己的一生全部献给了祖国的文博事业和民间收藏事业，为文博事业和收藏事业做出了巨大贡献。我们一定要认真学习、弘扬史先生严谨的治学和工作态度，挚热的爱国热情，无私的奉献精神，努力把中国的民间收藏事业，在现有的基础上搞得更好。

史先生的精神长存，"英灵直上重霄九"，美德永远留人间！

2008年7月16日

怀念史树青先生

张文彬

史树青先生是当代著名学者、文史研究大家、文献目录学家、文物鉴赏家。先生曾任全国政协第七、第八届政协委员，国家文物鉴定委员会副主任，中国国家博物馆（中国历史博馆）研究员、中国收藏家协会会长、顾问等职。2007年11月7日傍晚从电话中得知，先生于是日凌晨遂归道山，噩耗传来，大家同悲，即赶赴先生家中表示深切悼念，并向先生的夫人夏玖云教授表达怀念和慰问之情。

史树青先生的逝世，使文博界失去了一位学识渊博、德高望重、待人谦和、闻名遐迩的学者，这是文博界、文物收藏鉴定界不可弥补的重大损失。每当忆及同先生相交或向先生请教的往事，先生的渊博知识、侃侃而谈的音容笑貌历历如在眼前。记得初识史树青先生是他同全国政协考察团和国家文物局专家组到河南考察文物工作的一次座谈会上，他对河南文物工作的熟悉和发表的真知灼见，给我留下了深刻印象。那时我在省里负责宣传文化工作，省委领导同志要我们认真研究组织落实，我们都按要求逐一得到解决了。1996年5月，我调任国家文物局局长后，同史树青先生见面接触的机会多了，请教获益也就多了。有几件事是我终生难忘的，现在记下来，以表达对史树青先生的缅怀。

摸清文物家底，做到心中有数，是史树青先生敬业精神和对文物工作敬畏之心的生动写照。那是在一次国家文物局召开的春节座谈会上，史树青先生说，1949年1月北平和平解放后，军管会设有文物部，由尹达任部长，王冶秋任副部长，于坚、罗歌等任联络员，负责接管文物、博物馆、图书馆等事宜。在接管北平历史博物馆（中国历史博物馆前身）和故宫博物院的时候，都曾明确宣布了三件事：一是宣布全体工作人员均留原工作岗位，保留职薪不变；二是要求清点全部藏品，逐一登记上报，不得隐瞒；三是贯彻为人民服务宗旨，按照社会历史发展规律，重新组织新的历史陈列，向社会开放。史先生说，这三条使人心安定，方向明了，工作有序。接着他又说，我们现在的馆藏文物究竟有多少，谁能说清楚，希望引起领导注意。摸清家底，胸中有数，这是最基本的要求，我觉得史先生的建议与提醒十分重要。后经局党组和办公会议研究，要求各馆在三年时间内对馆藏文物进行一次清理、建账、登记、查核工作。中国文物交流中心对所藏青铜、陶瓷、玉器、鎏金佛像率先进行了清查工作，获得很好成效，并编选了青铜器、青瓷器和佛造象图卷公开出版，受到社会好评。摸清家底，是一项十分艰苦细致的工作，也是加强管理，培养提高业务水平的有效途径，是史树青先生积几十年文物保管工作经验的结晶，因此，这也是史树青先生留给我们的一份珍贵精神财富。

博古通今、学识渊博，是史树青先生成为"百科全书式"鉴赏家称号的重要原因之一。史树青先生从事文物工作六十余年，对青铜器、陶瓷器、玉器、古今书画、碑帖拓本都有过广泛涉猎、深入研究，并对一些重要器铭写过大量的题跋，由海国林先生为史树青先生八十寿辰而编选出版的《史树青金石拓本题跋选》其学术造诣和学术功力很受读者青睐。中共中央办公厅原副主任、毛泽东主席秘书田家英之"小莽苍苍斋"所藏清代学者墨迹由田家英夫人董边暨子女曾自等捐给中国历史博物馆之后，俞伟超馆长即命史树青先生同陈烈、易苏昊等一起共同整理，发现田家英所藏具有很高的学术价值，史学价值和艺术价值。史树青先生博古通今的学识和深厚的目录学文献学功底，为整理田家英所藏法书墨迹发挥了独特作用。《小莽苍苍斋藏清代学者法书选集》及《续编》由文物出版社出版后，立即引起学术界的重视和读者的欢迎。史树青先生的贡献是肯定的。

藏而不私、利国惠民，是史树青先生收藏鉴赏文物的重要原则。1998年一个偶然机会，从往来历博的一个老乡手里发现一块"成吉思汗圣旨金牌"，金牌正面背面分别刻有汉字和和契丹文，此类金牌传世很少，非常罕见，史树青即建议历史博物馆应予收藏，正是在史树青先生的坚持和努力下，被历史博物馆收藏，这已成为佳话。大约在2005年4月，史树青先生在北京大钟寺旧货市场看到一把青铜剑，顿觉"眼熟"，剑身长50厘米左右，布满菱形暗纹，有鸟篆体铭文："越王勾践，自乍用剑"他觉得此剑颇与他参与鉴定过的越王勾残剑，同出一源，便用1800元买了下来，准备捐给历史博物馆收藏。由于对剑的真伪存在不同意见,捐献之事被暂时搁置下来。可能在6月前后，听说史树青先生在阜外医院住院，我便去探望他。史先生在病床上，约我简述了剑的来由并拿出照片给我看。此后，我向历博领导同志作了反映，请他们再做一次鉴定听取意见。诚然，此剑真伪有待进一步验证鉴别，要慎重决定。但使我感动的是，史树青先生一生对文物事业的赤诚炽热之心和爱国爱馆情怀，永远是值得我们学习和崇敬的。

鉴定文物，提倡"三个结合"，是史树青先生毕生从事文物鉴定工作的经验总结和心血结晶。艺术品的收藏（包括古今书画、陶瓷青铜等）既是鉴赏的过程，也是陶冶情操、修身养性的过程。特别是改革开放以来，随着经济社会的发展，社会政治的安定，生活水平的提高。不少人以自己的兴趣收藏古今文物，这是经济文化生活发展到一定程度的必然现象。而以往收藏家都很讲究流传有绪，以防赝品充真。以字画而言，即使有名人题跋，鉴赏印章款识，但仍不免真伪难辨。所以鉴别真伪、至关重要。而鉴别真伪，不仅要靠经验积累，而且要有学识水平，才有可能做出全面准确科学判断。2002年底，我在参加一次社团活动中，曾当面向史树青先生请教鉴定中的问题。史先生说，鉴别真伪要做到"三结合"，即要做到文物与文献相结合、传世文物与考古发掘出土文物相结合、眼学（目视）与科学（先进测年科学技术）相结合，才能达到"言之有物、遇事能表、见物见人"。他还不止一次，不止一处讲过，做书画鉴定，一定要熟记5000人的姓名和他们的字、号、别号、斋名以及他们的师承关系，人际关系，而且要学会利用各种工具书查阅其渊流，"按图索骥"。这都是十分宝贵的基本经验。

史树青先生走了，永远的走了，他走的很安祥，很洒脱。他留给我们的热爱国家、忠于职守、敬业奉献的精神丰碑和严谨治学、学艺双携的精神，将激励我们向前，向前！

忆史树青先生的国文课

李学勤

我常说到史树青先生是我的老师,一些对我的经历多少知道的文物考古界朋友颇以为疑,因为我是五十年代初清华哲学系的学生,当时想学逻辑之类,并不涉及文史,及至1952年到中国科学院,才在考古研究所、历史研究所工作。其实我从史树青先生受业,是少年时代的事,离今天已有六十多年了。

抗日战争时期,我的父亲因在协和医学院任职,不能离开沦陷了的北京。珍珠港事件后,医院被占领,家中生活困苦。1945年夏,北京疫病流行,我得了一场伤寒,于缠绵病榻间听到胜利的喜讯,等到中学招考,走路还很觉困难。我进的是著名的汇文中学,有一百多年的历史,那时被伪政府改称九中。我父亲就是该校出身,所以我也立志一定要上这所学校。入学后第二个学期,即1946年春季,我编在初一丙班,教我们主课国文的正是史树青先生。

史先生是在辅仁大学毕业不久来汇文教书的,还比较年轻。记得他常穿灰色长袍,虽然籍贯京东,却说一口纯正的北京话。史先生第一次上课,便对学生作了详细的自我介绍,用他本人的学习历程,种种经验教训,为学生树立榜样。我们很快就同他熟悉了,可说是打成一片,没有隔阂的感觉。

为了了解每一个学生，史先生用了一两堂课的时间，要全班依次起立，自报姓名和基本情况，然后他做一些指点。我特别记得他很欣赏方咸孚同学的名字，说"你的名字起得好"，随之讲述一些有关的文献典故。"文革"后我去看史先生，想不到他仍保存着那时候的点名簿，找出方咸孚等同学，记忆力之强令我惊讶，这本点名簿也可算汇文的校史文物了。

史先生讲课特点是明白晓畅，于释义说理之外，兼顾文学的欣赏和语法的分析。经他详细讲过，同学们对于课文都获得相当深刻的印象。更可贵的是，他在授课之余，还常向大家介绍中国传统文化，即如今热门的国学的若干知识。例如谈怎样练习书法，史先生念了几句口诀"写字不用夸，先写飞风家"，说明"飞"、"风"（两字均繁体）和"家"这三个字笔画结构很难写得匀称。他还强调："若要家字好，须得宝盖小"，这些我始终牢记。

他又教大家作古体诗，以他本人的诗篇示范，同学都觉得妙趣横生。有的我曾经会背，现在已记不清。其中一首惟忆一联为："座上旧雨联新雨，窗外山光带水光"。另一首有句云："吟诗作画老东堂"，"东堂"指他所居东城区东堂子胡同，可见史先生之志。

我自读高小时起，经常练习用文言记听课笔记，也试作几篇文言文。在史树青先生教国文时，我先后写了三篇，他都仔细批改。看完第三篇，他在班上说："李学勤写的文言文，第一篇不好，第二篇有进步，第三篇写得好。"接着把我的作文念了一遍，多有褒奖，使我羞得满脸通红，内心则深受鼓励。

史先生在汇文中学任教时间很短，便到历史博物馆去工作了。后来许多年间，我有不少机会见他，于其知见的广博、识力的超卓，自然也有一系列事迹可说，但是在我心中最明晰的，还是我十三岁时这一段记忆。

2008 年 7 月 28 日

索余题句 助我研红
——怀史树青先生

周汝昌

史树青先生忽然因病辞世，消息传来，十分痛悼。为了纪念我与他的多年友情，想写此小文，留作历史痕迹。

我记得第一次听到他的姓名，是由顾羡季（随）先生口中道出。那时我不知史先生是何许人，听顾先生告知与我，先生的一两种诗集是史先生出钱为他印制的，这给我留下了很深的印象：第一，他必然也是顾先生的受业弟子，很崇敬老师；第二，他给老师印词集，看来有相当的财力，因为那本词集虽然不厚，但所用宣纸极佳，铅字也非常美观，令人觉得十分可爱，那是要花费相当的资金的。

不知隔了多久，我已应了成都华西大学的电聘，将待启程，当时还住在天津市内的一个亲戚家，忽然接到一个便笺，上面说：汝昌兄，久欲晤谈，尚无机缘，如有余暇，请来小舍一坐，十分欢迎（大意如此）。下款记得很清楚是：弟史庶卿拜上。那时的署名不是现在的"树青"二字，而是"庶卿"。下面只有简单的日期字样，而无电话等联系痕迹。我当时既忙于赴蜀，又无法通话，失去了这一识面的机缘。

1954年春夏之交，我从成都回到北京，时时想起这段往事。直到六十年代最初，国家要隆重纪念曹雪芹逝世二百周年，筹备活动十分火热，这才与史先生有了一面之缘。可惜事隔太久，我们第一次见面而畅谈的内容已经有些模糊了，记忆中惟有我们共同忆及老师顾先生，彼此说说他的情况，深为怀念。那一回谈到了晴雯补裘的雀金呢，我说，曹雪芹笔下虚构的东西很少，都有实物。不料史先生立时答道：你说得对！这雀金呢故宫里就有实物。他的回答增加了拙说的自信心。我表示说，等有机会你领我到故宫去亲眼看看，那就太有趣了。后来在纪念曹雪芹逝世二百周年活动中，果然展出了这种织料。

有一天，史先生忽然到我那无量大人胡同宿舍来拜访，拿出一包书稿让我过目。打开看时，却是清代乾隆时宗室永忠的诗集稿本。我一见之下，非常惊喜，因为我对永忠并不陌生，但所以非常惊喜的缘故，却在于由诗稿得知，有永忠因读《红楼》而悼念雪芹的绝句。我向史先生表示了满怀高兴之后，他就说：请你老兄给写一题跋，或诗或文都可，以便让人知道这部诗集的难得和价值。于是，晤谈之后，我立即写了七言绝句五首：

将军抚远重西陲，万岁高墙命若丝。

想见弄孙方五月，锡名心事几人知。

胤禵清圣祖之十四子意中之嗣位也以之为抚远大将军镇西宁所以干练之荣宠之胤禛得志后被命还京始知事不可为矣锢于景山者九年藁仙生雍正十三年乾隆登极之岁也既生四五月而乃祖获赦名为忠者盖示意于弘历耳

天潢一例痼风骚，烟火人间气尽销。

自住侯门接禅麈，不须野迹混渔樵。

八旗逸士类型颇不同藁仙多与慎邸等人往还犹是上层人士

泪洒曹君见有情，主奴身世事堪惊。

留题忽遇和邦额，正论何人议啸亭。

藁仙吊雪芹三诗真切沉痛卷内题词有和邦额极可珍和著夜谭随

録昭梿怪异之不知和氏亦内务府籍正与雪芹同余欲为和作简考迄不暇及爰见于此焉

北沟佟峪接烟霞，一脉芹溪此寄家。
当日苦求竹林誌，今朝多喜不争差。

吾论雪芹西山旧居即在北沟村村在退谷南口外卧佛寺旁也明清之际竹极盛处而乾隆时文献苦少今得蕖仙诗记此者最夥无假外求矣

故楮微昏二百年，落花依约手轻翻。
记得坡仙最佳句，纷纷忍触不胜怜。

纸已黄脆至不忍手触因忆东坡海棠名句可移借也当年见甲戌石头记原本时正复类此

庶卿同门学长前辈老兄惠示延芬室诗写本叹为难觏承索题率以小句应命灯下昏目至不能成字想不笑恶札耳

小弟汝昌书

我在诗中表明永忠是胤禛的孙子，胤禛是康熙晚年内定的继位人，而后来雍正篡夺了皇位，胤禛被软禁起来，成了一种十分特殊的"废人"。这就可以明白为何永忠借读《红楼》而痛悼雪芹这位绝代奇才，说："可恨同时不相识，几回掩卷哭曹侯"。

又过了若干年，到了七十年代，因我要增订《红楼梦新证》出版新版本，不免在会面时谈起书中所涉及的很多历史文物的事情。这里要补说一句，我那时住无量大人胡同，而史先生住在东堂子胡同，两巷正是紧邻，因此随时可去史先生家小坐快谈。有一回，我提到薛宝琴口中言及的那个真真国中会作诗的女子身上穿的是"锁子甲"，腰里挎着"倭刀"，说：这像哪个国家的服装打扮？他听我这么问，不假思索，立刻回答道：这是古代天方国，他们是伊斯兰教，早先的打扮正是这样！这有资料可查，我回去给你查查，若找到给你送来。他的热诚让我感动，他的博学又令我佩服。记得只过了一二天，他果然带来了一本历史资料给我看，里面说的大致正是他所告诉我的那个样子。我就把这段资料运用在《新证》增订版里，但我已记不清是否在前言后记中说明了这段情况并对他表示了感谢，如果由于疏忽而忘了致谢，那可就太对不起老友了。

这些往事，时常往来于我心中，难以忘却。如今老友作古，我作一挽联，其辞曰：

索余题句　助我研红　二酉瑯嬛传秘笈

为国献言　同君议政　古珍今宝见诚衷

那上联所记，便是我在这里追叙的实况。至于下联所说，是我们两个同为全国政协委员时，每年开大会间总在一起并肩而坐，参政议政，史先生总是踊跃发言，对于考古和文物保护工作，都有很好的建议。

当然，我们的友谊主要是顾先生的同门受业弟子（不同校），我的兴趣仍然集中在诗、书、书法；至于文物考古鉴定那种专业，我不是专家，虽然偶有所见，也不愿轻易妄谈。对于个别文物，我和他看法不同，也不讳言，我们当面直言，讨论切磋。这里可举两个例子：一个是河南博物馆收藏的"曹雪芹小照"和尹继善题诗，他说是假作，原为空白纸，诗、画都是后添，我不表同意；第二个例子即张家湾所谓"曹雪芹墓石"，他盛赞是真，我却与很多人的看法一样，认为那纯属伪造。

当此临文之际，我以小诗一首作为怀念。诗曰：

东堂古巷结芳邻，禊帖红楼雅话频。

最忆武英殿前事，相邀同看海棠春。

怀念史树青先生

杨伯达

史树青先生是我国老一代文物博物馆的专家学者，他 1945 年毕业于北平辅仁大学中文系，同校文科研究所史学组研究生，毕业之后即到中国历史博物馆工作，至 2007 年 11 月 7 日逝世，共在历史博物馆工作达 62 年之久。对他的病逝我深感悲伤，万分痛惜。史老六十年如一日，毕生认真负责、任劳任怨、热情积极、诲人不倦，全心全意地努力做好文物征集和保管工作，关心文物鉴定与研究工作。我记得 1958 年历史博物馆新馆在天安门广场东侧建成之后，要组织新的通史陈列，陈乔副馆长借调我至历博完成通史陈列艺术总体设计任务，史先生负责征集文物、提供展品工作。这种幕后工作也很辛苦，偶尔在陈列现场见到他，他总是满头大汗，有时灰尘满面，这是博物馆陈列、保管工作中常见的情况，但是史先生也能适应需要任劳任怨不辞辛苦地投入工作，这对老一代文博专家来说，也是十分难能可贵的。

此后，我们各自在不同的博物馆、不同的分工岗位上工作，没有过工作联系甚至见面的机会也甚少。

中央文化部于 1987 年成立了国家文物鉴定委员会，请启功先生履任主任，史树青先生担任副主任，刘巨成处长（国家文物局流散文物处）任秘书长，刘东瑞同志任副秘书长（革命博物馆），我也应聘为委员，分在杂项组，做金银器、玻璃器、珐琅器等的鉴定工作。该会日常工作均由秘书长负责，请示启功主任、史树青副主任后即行办理，委员均为"待诏"，服从命令听指挥。我参与国家文物鉴定委员会工作是从1989年河北、东三省、内蒙古四省一区开始，前二次山东、河南试点我未参加。据说史先生参与山东、河南试点工作，为完成全国一级品鉴定工作积累了基本经验，有一定的指导意义。

史树青先生长期在历史博物馆做文物征集、保管工作，除了积累了丰富的保管工作经验之外，对藏品鉴定也是特别关心。据见闻，史先生鉴定的面是很宽的，涉及书画、铜瓷、工艺等许多领域的文物。史先生对文物鉴定有着自己的独到见解，他的成果见于他的著作《鉴宝心得》。回忆起来，曾经拜读过《"陆离"新解》他的主要观点就是"陆离"即"琉璃"，这是具有创意性的观点对研究我国自制玻璃很有启发。在相关的会议上不止一次地听到他强调，文物鉴定要靠摸文物、看文物，要反复地摸、反复地看，要靠实践，所以文物鉴定学就是"眼学"或"目学"。这是文物鉴定的最为直观的也是最为准确的概括。这一富有形象性的提法是他个人经验的精辟总结。在文物鉴定上，特别要说明的是，"眼学"、"目学"的提法对社会上的鉴定界是富有针对性的。近年社会上出现了许多的私营文物鉴定机构，也是聘请不少的"文物鉴定家"走上市场，完全作商业化运营。当然，文物鉴定市场化、商业化也是历史必然，但是关键在于"文物鉴定家"的水平问题，关于这方面不想多说了。总之，"眼学"、"目学"的提法可以作为一个鉴定家的标尺，用以衡量别人，也要衡量自己，是否够得上"眼学"、"目学"的高标准。虽然文物鉴定学是"眼学"、"目学"是指文物鉴定的一般情况而言，但并非否定文献记载的重要价值，只有文献与文物相结合之时方可起到一锤定音的关键作用。这种做法实际上已进入文物研究状态，已超出文物鉴定的寻常情况。

史先生在我国博物馆界还是一位最为著名的文献学者和目录学家，这一点许多博物馆界同行很少知道。当史先生逝世之后，我常想的一件事就是在我国博物馆界由谁来抵补由于史先生仙逝而造成的空虚？这个空缺由何人升座？史先生经常讲：文物博物馆工作人员不懂文献学、目录学不成，"至少要读提要"。我认为史先生的观点是正确的，也是对文物博物馆工作人员的谆谆告诫，今后我们要根据工作需要边工作边学文献，使自己成为有文献知识的文物工作者。

我更期盼史先生文献学、目录学的特长能够有机会发挥或传授下去。"文化大革命"之后，文物鉴定培训中心或短期培训办如雨后春笋一般在全国大发展，经过整顿之后只剩下扬州与泰安二个国家文物局的培训中心（现已撤销）。前些年扬州培训中心每年都举办一期古玉鉴定培训班，招收各地博物馆和文物店的玉器工作者学习一个月，所聘讲学老师来自博物馆或文物店有经验的学者或专家，我应聘讲《玉器史论》。讲过几次之后，便想到这种以物为主、很少联系文献的讲授方式对博物馆古玉研究人员来说是一个损失，于是便向培训中心朱戢主任建议增设有关古玉的文献课程。朱戢主任接受建议之后特地赴京拜见史先生，请他讲授古玉文献，得到史先生慨允，但是讲什么甚关重要，最后落实在《说文·玉部》，按约于 1998 年 5 月下旬到 6 月初为同学们讲授有关古玉文献。事后，朱戢告知：史先生不辞辛劳，不顾年近八十高龄，上下午连续讲课，共用一周时间讲完。这是在我国当今关于古玉鉴定培训史上首次开设了古玉文献课，十四节课的内容丰富饱满，令人惋惜的这是首次，也是"最后一课"。我认为史先生在古玉鉴定培训班上讲解古玉文献确是一次创举，为了广泛传播史先生文献学的成就，曾建议史先生出版讲稿，非常遗憾的是，他说"只有提纲，没有讲稿"，便打却了这桩心思。

史先生走了七个多月，他的音容笑貌仍然不时浮现在眼前，仅将我所认知的史先生的毕生贡献的几点实例写成此文，以兹纪念。

2008 年 6 月 29 日

怀念史树青先生

冯其庸

去年秋天，我家乡的电视台到北京来采访史老，经联系后，史老和夫人都非常热情地允诺了，那时，史老正在医院里，史老是从医院里专门回来接受采访的，我得知后，非常感谢史老和夏大人的热情，我嘱咐电视台的人，不要把时间拖得太长，一定要在半小时内结束，以免影响史老的健康，可史老却一谈没有个完，哪像是一个病人？即此一点也可看到史老待人之热忱，看到他一个老学者的本色。

我与史老的交往，是上世纪70年代初开始的，或许还要早，但我患病以后，有许多往事已记不清了，现在保存在脑子里的是上世纪70年代的事，那时我正在写《曹雪芹家世新考》，新从曹仪策先生处借到了《辽东五庆堂曹氏宗谱》，上载曹雪芹的上祖一直到雪芹同辈曹天佑，也有人认为"天佑"就是雪芹，当时我们想能由国家博物馆收藏此谱，但后来因为曹家的内部意见不一致，所以此事未能实现。但从这时起我都清楚记得与史先生的交往情景了。大概也是在这个时候，我们还在历史博物馆的馆藏中发现了怡亲王府的府第图轴，这一次记得也是与史先生在一起的。

我记忆中还有好几件事，值得一提：一件事情是1983年2月

28 日在中国历史博物馆开会,由中国博物馆学会主办的"曹雪芹画像调查报告会",会议由史树青先生主持,由郑州博物馆馆长韩绍诗作画像的调查报告。

关于这个画像,我于 1975 年 5 月,曾写信给郭沫若院长,征求他的意见,郭老回信说:"关于'雪芹'画像,我也是怀疑派。扇面我看过,尹望山诗集刊本我也看过,我偏向于此一'雪芹'是俞楚江的别号。《壶山诗钞》不曾见过。陆厚信亦不知何许人。画像很庸俗,曹雪芹的画像可从其诗文中考见否?"1980 年 10 月,我到郑州,三次看了画像,经过仔细验看,我发现画像头部是经过修改的,修改的痕迹很明显,所以我认为这是一幅旧画的改作,用他来冒充"曹雪芹像",实际是一件伪作。当时考察的情况,我在《梦边集》的序言里有详细的记载。由于这个原因,这个调查报告会和鉴定会我也参加了。还有刘世德同志,胡文彬同志也都参加了。周汝昌先生也参加了。

韩绍诗的报告详尽地讲述了画像的调查过程并举出大量证据,包括郝心佛的交待,证明画像确是伪作,无可怀疑。所以史树青先生说:"韩绍诗同志的报告是令人信服的,本证、旁证俱在,没有什么好说的了。韩绍诗的报告结论是可以接受的。"当时刘九庵先生也进一步指出画像作伪的痕迹,还指出画像上的五行题记有问题,他还介绍了原先他请徐邦达先生看了画像照片以后的看法,也认为画像题记有问题,这次又请徐老看了原件,徐老更加确认题记有问题,画像是旧画改作。会上秦公同志也发了言,他指出画像上的题记,其书法风格已是钢笔字的体势,不是乾隆时人的书风,完全是现代人的笔迹。这一点与会者的看法特别一致。第二天,三月一日,徐邦达先生因为没有参加会议,还特意写信给中国博物馆学会,说"曹雪芹画像亦正为其中典型作伪例之一。"

经过这次的报告会和鉴定会,郑州博物馆所藏"曹雪芹画像"

是伪作,基本上成为定论。

还有一次是1992年夏天,张家湾镇政府重新发现了1968年平坟时发现的曹雪芹墓石,镇政府通过端木蕻良夫人钟耀群邀请我到张家湾来鉴定这块墓石,墓石上刻"曹公讳霑"五字,在左下角有"壬午"两字,我当然不是鉴定家,但凭以往看过的一些碑刻,也大体可看出这是一件旧物,而且其粗糙简陋的程度令人难以想像,特别是此石发现的时候,正是1968年文革高潮时,当时王昆仑副市长就因为调查曹雪芹的坟墓,被红卫兵组织批斗会加以猛烈的批斗,在这样的政治气氛下,有谁还会去造一块曹雪芹的假墓石呢?这样做岂非是要招批吗?但是有人却不顾事实硬说这块墓石是假的,是李景柱等人伪造的云云。这样,镇政府就请文物鉴定专家史树青先生和傅大卣先生来鉴定,他们两位是文物鉴定委员会的副主任和委员。结果,他们两位看后,一致说是真的,不可能做假,也决无可能做出这样的假来。隔了一些日子,我碰到了史先生,史先生还特别对我说,你的意见是对的,这绝不可能是假。而且听说后来史老还在多种场合讲这块墓石是真的,对认为墓石是假的看法进行了批驳。

还有一次,我们一起参加北图举办的善本再造的展览和鉴定会,大家对再造的一批古籍看得津津有味,觉得是一大成功。史老更是这一看法,几乎是赞不绝口。但是讨论到一部分书的洋式装帧时,史老却毫不含糊,予以全盘否定,认为完全不对头,不伦不类,一本也不能用。他不顾装帧设计者就坐在他的身边,竟直言不讳。而事实上,史老的意见,恰恰是代表了大家的意见,不过别人说话总要婉曲些,而史老却一丝不留情面。

我与史老在一起的事情还有很多,例如苏州大学为我的老师钱仲联先生举办庆祝钱老九十五岁大寿的大会时,全国六十多所高校都来了人,来为老先生祝寿。我是钱老的学生,当然去了。在会上我又碰到了史先生,而史先生对钱老是十分敬重,会议结束后,史先生和我还一起跟着钱先生的轮椅出来,送了钱先生好一段路,我们俩才珍重与钱先生告别。

特别是我的几次画展,史先生都热情地参加开幕式,而且还认真看画,最后还积极参加主办单位组织的画展研讨会。会上他的许多赞誉的话,我都不好意思重复。这反映了史老一贯地待人以真诚,一贯的襟怀豪放坦诚。我与史老相识三四十年,一个很明确的印象,史老不仅仅是一位著名的鉴定家、学问家,而且是一位胸怀坦诚,绝无城府,是一位真正的"绝假纯真"的人。

史老离开我们转眼已快一年了,记得追悼会的时候,我正卧病在床,我眼看着不能去为史老送行了,我只好在床上反复吟诵杜甫送郑广文的诗:"便与先生应永诀,九重泉路尽交期"!

以上这些琐屑的回忆,权当我对史老虔诚的周年祭罢!

2008年6月29日

怀念史树青先生

孙机

文物界中最老成,仙风道骨意纵横。
东溟佛迹非孔望,西域汉篆是永平。
金石著论腹笥阔,丹青鉴别眼光精。
音容宛在弦歌辍,仰慕追思尽动情。

* 连云港孔望山摩崖旧日以为表现的是孔子与弟子望东海,先生调查后证明其中有东汉时佛教造像的内容。先生在新疆楼兰遗址发现了一枚"司禾府印",据以论定了东汉明帝永平年间在伊吾卢设宜禾都尉的史实。

挽树青学长

叶嘉莹

树青学长与我为六十年前同班同学，去岁尚曾在京欢聚。忽接噩报，竟以心疾不治逝世。诗以悼之：

忽报京华谢老成，顿令鲁殿感凄清。
疗心恨乏三年艾，鉴古曾传一世名。
犹忆欢言如昨日，空留文字想生平。
少年同学凋零甚，卮酒中宵北向倾。

叶嘉莹敬悼 时旅居津门

两件小事
——纪念我的好学长史树青

梁天俊

史树青学长离开我们一年了。这一年来,脑海里常常浮现他的音容笑貌。

我和树青是同学,又是邻居同住在东堂子胡同,他55号,我47号。算算我们相识来往至今已有六十六个年头了,从未间断。

我是1942年考入辅仁大学国文学系的,晚他一年。辅大实行学分制,选修课目很多,当时我们都选了刘盼遂师《后汉书研究》、于省吾师《古文字学(甲骨文·金文)》,就在一起听课,可以说我们是不同班的同学。树青在校学习勤奋,品学兼优,侪辈无匹,深得业师们的赏识。德高望重的余嘉锡系主任向北平历史博物馆只推荐过一人,就是史树青。这是他的骄傲,也是我们的骄傲。

他到博物馆工作后仍钻研学术,孜孜,著作等身,汇编成集的有《书画鉴真》《鉴古一得》《鉴宝心得》等。记得1988年8月的一个夜晚,约9时,我正在缮写陈连庆先生《曶鼎铭文研究》书稿,电话铃响了,是史兄来的,他听张政烺先生说曶鼎铭文有了全面的注释。我说外面正在下大雨,他还没有抄完,明天一准送你看看,他说曶鼎是西周的一件重器,铭文中包括两个司法案件,铭文比较难懂,一直读不下来,现在陈先生研究有了成果,我要先睹为快。他的儿子和平打着伞,不畏湿滑,还是来了,坐等我抄完,他边看边录,兴奋极了。

树青家藏书多（书架满满，地上也是到处都堆放着书）、读书也多（文学、史学、哲学、艺术，门门精通）。最令人啧啧称奇的是他思维敏捷，记忆惊人，是个博学多闻的才子。他是我的"资料库"，事无巨细，我都爱找他答疑解惑。去年8月，我参加的老年书法班，要学隶书，临摹汉《曹全碑》。碑文"清拟夷齐，直慕史鱼。"夷齐是伯夷、叔齐，史鱼是何许人也，不知道，遍查无着。最后还是树青在电话时告诉我。原话是出这样说的：这是我们史家的人物，是我的老祖宗，我怎能不知道呢，哈哈的笑起来，（这是自豪而又钦佩的笑声很好听）。接着说史鱼是春秋时卫国大夫，人称"超级谏臣"。他多次推荐德才兼备的蘧伯玉，没有被采纳，卫灵公却任用无德的弥子瑕。后来，史鱼生病将死的时候，遗命他的儿子把尸体陈放在屋外窗下，不出殡，因未能进贤蘧伯玉，去佞弥子瑕，是做臣子的不称职，生前不能正君，死后就不能成礼。卫灵公来吊唁，见到这种情况非常奇怪，就问原因，史鱼的儿子如实说了。卫灵公惊愕地说"这是我的过错"，命令以上礼殡之，回到皇宫后，卫灵公马上采纳了史鱼的谏言，任用了蘧伯玉，疏远了弥子瑕。

当时史兄很快要外出开会、讲学，叫我先看看《论语·卫灵公》《孔子家语·困誓》，等他回京后再告诉《曹全碑》是谁书写的。万万没有想到，三个月后我们天人相隔了。但我相信他不会失言，我等他梦中告诉我。

《荀子·大略》："口能言之，身能行之，国宝也。"史树青就是国宝。

树青勤奋好学，锲而不舍的精神，热爱文博事业，一心为公、光明磊落、助人为乐的好品德，是值得我们学习的。

树青永远活在我们心中。

2008年10月

怀念史公树青

王宏钧

史公树青是著名的文史学者、文物鉴定专家。他自少年时代即好学不倦，博闻强记。文史之外，尤好古代文物的鉴赏与研究。他一生可谓乐此不疲，锲而不舍七十余年。他对我国文物事业的贡献和学术成就早已世所周知，他为人的谦和与勤奋更值得学习，值得称道。

我认识树青同志，开始于上世纪五十年代初，在北海团城。当时中央文化部文物局初建，他时常到局里来，同志们说："这是青年文物专家史树青。"他衣着朴素，平头、布鞋，臂下挟着蓝布包成的书包，很有些老一代学者的风貌，那时他不过二十六七岁。1958年秋，中央决定在天安门前建立中国历史博物馆和中国革命博物馆。这年年底我调到历博参加建馆工作，与树青同志同在午门东朝房一个大办公室中做文物征集、保管工作。此后，四十多年中几度同窗工作，并曾同去长安县参加"四清"；同在湖北咸宁向阳湖下田劳动；也曾在假日同去嘉鱼游赏长江胜景；同去京西阳台山大觉寺寻访辽金古迹；还曾同去拜望顾颉刚、高亨等前辈学者。回忆与史公相处同游，往事如昨日，历历在目，学长之谊，令人难忘。谨以此文深致悼念。

亲切可敬　诲人不倦
——深切缅怀史树青先生

陈华莎

岁月如梭，鬓生华发，以往许多曾较真的事儿都渐渐看得淡了。生老病死乃自然规律，"适来，夫子时也；适去，夫子顺也。"然而，在外地公出期间，忽闻自己一向敬重的史树青先生永远离去，还是心生伤感，引发无尽的思念。夜深人静，灯下支肘，先生的音容笑貌，历历在目；似乎就是昨天，先生还在与我相对而坐，娓娓道来，侃侃而谈。

我已不记得何时与史先生见的第一面。在未认识之前，我早已久仰其大名，知晓他老人家学识渊博，记忆非凡，素有"活字典"与"百科全书"的雅号。十多年前，我曾有幸与先生偕夫人同出过一次公差。在火车上闲聊，先生竟与我兴致勃勃地说起他与夫人夏玫云老师的恋爱史。说到二老首回见面，约好在故宫午门外"相亲"时的情景，夏老师笑眯眯地说："华莎，你知道吗？约定见面的时间快到了，我抬头望去，远处一摇一摆走来了一个胖子，一条裤腿长，一条裤腿短，脚上穿着尖口的黑布鞋，手上拎着个老式的黑提包，我心想：这胖子是谁呀？他越走越近，没想到，正是要见的这位！"史先生哈哈大笑："华莎，要知道你夏老师可是个'情场老手'，我呀一不留神，一犯糊涂，就让她给俘虏啦！"听到这儿，同行的人都笑得前仰后合，乐不可支。平时的史先生就是这样和蔼可亲，平易近人。在我这样的晚辈和学生面前，他从未摆过大学者的架子。与先生交谈，就如同面对自己家中的老人，如沐春风，那么亲切，慈祥，幽默而风趣。但一到工作现场，他又似乎变成了另外一个人。我们曾一起看一批公安人员破获的文物走私案中被查扣的物品。其中有一件战国时期的青铜壶，器身上满饰着紫铜的纹饰。史先生仔仔细细地看过后问我："你看怎样？"我说："我不懂铜器，但直觉上这件青铜壶上的纹饰让人不太舒服，挺别扭的。"史先生点点头："不错，你的感觉是对的，但要知道为什么。你看，这件铜壶本来是光素无纹的，文物走私贩为了多卖钱就想鬼点子。现在外面出售的各种文物图录很多，都成了他们的参照物。这件铜壶上的纹饰不是原有的，是参照了故宫收藏的战国宴乐渔猎纹铜壶来做的。但真器的纹饰，线条凹槽是与器身一体同时浇铸成的，然后再将红铜丝嵌入后敲平；其纹饰与器身浑然一体。而这件作伪的铜壶，纹饰粗糙姑且不论，它们是用红铜片剪切后粘上壶身的；从侧面看，纹饰浮于器表之上，而且布局也不讲究。"听了史先生的一席话，我茅塞顿开，深受启迪。

史先生在国家博物馆工作长达半个多世纪，对博物馆事业爱之甚深。数十年来，他总是千方百计为国家征集珍贵文物藏品，无怨无悔，如醉如痴。有一年夏夜，电闪雷鸣，大雨如注。突然家中电话铃响起，原来是史先生打来的："华莎，快来我们家一趟，让你瞧两件好宝贝！"望着窗外的大雨，女儿拉住我的手说："妈妈，等雨停了再去史爷爷家吧！"但我想，史先生叫我，"下刀子"也得去！于是和女儿披着雨斗蓬，顶着大雨，骑车到了民族学院内的史先生家。史先生开门，看到我们湿淋淋的样子，并不以为然。彼时的他开心地竟像个孩子："快来瞧我为历博征集的好宝贝！"原来是两件宋代建窑黑釉兔毫盏。我小心将两只碗扣过来，碗底上"供御"二字赫然在目。史先生兴奋地说："华莎，你知道吗？我们历史博物馆啊还没有一件'供御'款的兔毫盏呢！这是我去慈溪时偶然碰到让老乡送到北京来的,你看好不好?"站在一旁的夫人夏老师连声埋怨:"你看你,为博物馆征集藏品都痴迷了,什么都不顾了,下这么大的雨,你把华莎叫来,看把她们娘俩给淋的,你这个人啊!"史先生却乐呵呵地反驳:"怎么了?华莎是自己人,干嘛要客气?我就愿让她先睹为快!"我心中涌过一股热流,先生的厚爱让我觉得十分温暖;同时我也深深地被先生对博物馆事业的挚爱之情所感动。不久,史先生用一张小小的宣纸,墨拓了这对碗的铭文,亲书题跋后送给我留念。我将其托裱后悬于堂上。睹物思人,每每看到它,就像先生仍笑眯眯地在与我交谈,在教诲我,告之我知识海洋的点点滴滴。

  敬爱的史先生,如今您在天国安好?您可知道我们多么想念您……

2008 年 7 月 19 日

永远怀念史树青先生

刘东瑞

一

史树青先生离开我们已经一年了,他的音容笑貌仍然时时出现在我的脑子里。每当在工作上遇到了学问方面的问题,便想起了他老人家。我们常说:"要是史先生在,打个电话就解决了,现在不行了,没有这个方便条件了!"

1959年参加工作时,我本来在北馆(即中国革命博物馆),史先生在南馆(即中国历史博物馆),我那时学习的是中共党史,南馆是中国通史,但不知为什么,史先生给南馆青年讲课,尤其是讲易经、讲书画等历史文物方面的课,我都要跑过去听。那时北馆的干部常夸口说:"我们搞的是马恩列斯,南馆搞的是帝王将相!"我往南馆跑,周围的人很不理解,好心的朋友告诉我:"领导已经说了,要注意你的白专倾向!"我只笑笑。那时,我只知道史先生有学问,有吸引力。

文化大革命前,国民党元老柳亚子先生的一批文物入藏中国革命博物馆,其中有一颗红色寿山石的闲章。记得是朱文篆书:"大儿斯大林,小儿毛泽东。"入藏前,北馆的人不懂是什么意思,便请教南馆的史树青,史先生告诉说:"这是借历史的典故,赞扬毛主席。"故事见《三国演义》二十三回《祢正平裸衣骂贼,吉太医下毒遭刑》,

说的是狂士才子祢衡不肯事曹，借当众击鼓之机，大骂曹操，曹欲借刘表之手杀之。刘表手下之人黄祖问祢正平："你看许都（许昌）有人才吗？"祢说："大儿孔文举，小儿杨德祖。除此二人，别无人物。"孔文举即历史名人孔融，杨德祖即杨修，皆三国时期的英才。史树青先生详详细细向北馆保管部的同志作了讲解，说，这是个"好东西"。文化大革命开始了，这件"好东西"变成了"坏东西"。有人上报给了"中央文革"，不久，中央文革领导小组顾问康生作了批示，这个批示是用红铅笔写在这张编目卡上的："可恶之极！这样的东西还编目制卡，是革命博物馆还是反革命博物馆！要彻底销毁！"这事儿，史先生受到了一定牵连。康生批回来的这张卡片拿在梁大为同志手里，他让我看，他说："有人说砸了！"我知道这是让我接下茬。我说："康老批了，就办吧！石头挺好的，砸了可惜。"后来就找人把印文磨掉了，保存了那块石头。文革后，有人写文章说，当时李兆炳馆长为此事受到迫害，被打断了腿，打坏了脖子等等。没有这回事！也属不实之词。

　　文革后期，南、北两馆的人大部分都到了湖北咸宁文化部五七干校。史树青先生当然属于"反动学术权威"一类的改造对象。我和张梦雷等是专程被押送到五七干校的"5·16骨干分子"，属于现行反革命一类。我们平时是不敢接触的，怕人家说："阶级斗争新动向"。革博、历博两馆的人编为一个连，叫二十三连，开始时条件差，大家多分住在各个不同的席棚里，后来我们23连建房就在"452"高地上。有一次，在山岗挖坑种树，我挖出了一枚铜钱，没声张就装在了衣袋里。吃晚饭时，我找到了史树青同志，拿出了这枚钱让他看。他说这是一枚隋钱，说明隋朝的时候，这向阳湖地区就有人活动了。他顺手把钱拿给修铜器专家高英

　　看，高先生接过来端详一阵后说："不错！可以换一瓶酒喝了！"我说："那您换酒喝去吧！"这枚钱就给了高英。一边说着，一边回

席棚，路上史先生给我讲起了历博收藏钱币的情况，从史先生口中，我第一次听说了马定祥这个名字。

在湖北咸宁文化部五七干校，主要劳动是种水稻，当时称为"下湖"。有一次，我因发烧，校医给我开了几天病假，没有下湖，在席棚休息。一个和我一起参加工作的同志因下干校受刺激，精神方面出了病态，我连另一个同志负责看护他，大家一下湖，他俩就下棋。有一天，席棚里就我们三个人，负责看护的同志问我："东瑞，你有钱没有？""干吗？""他想回家，在这儿受不了啦，帮他凑个路费，让他回家一趟！"我从席棚顶上摘下了悬空的书包（为防鼠咬），取出了仅有的三十元钱交给了他。那位想回家的同志收拾收拾东西，就钻出席棚，从田间小道奔向咸宁火车站了。

晚上点名，发现少了这位"回家同志"，问那个看护人，他说他去锅炉房打水，回来人就不见了。不知哪儿去了。没办法，军宣队、工宣队把全连同志都赶上山，赶下湖，让去找这位"失踪"同志。我虽然是病号，也一样被赶上山找人。我知道湖北咸宁这地方山上蛇很多，又多是毒蛇。夏天的夜里，都横在山间小道上"乘凉"，踩上就不得了。我怕有人遭殃，但又不敢直说借他路费的事。我便跟排长说："早上他跟我借钱，说是去温泉医院看病，会不会到医院去了？"这个线索一提供，大家就收兵了。星夜派车到温泉医院去找人，翻遍了医院

全天挂号登记本，也没有发现这位失踪人的名字。

过了两天，北京方面来了电话，说他已经到家了。大概是他在北京供出了是我提供的路费，于是二十三连在军宣队的主持下，召开了一次批斗我的大会。史树青先生声色俱厉地批判我，说我利用金钱唆使人破坏走五七道路，无限上纲。会散了，各自回席棚，史先生追上我，小声跟我说："没法子，这是军宣队安排的，你理解就行了！"我说："下次再批斗，您带头喊口号，打倒刘东瑞！"史先

生认真地问:"为什么?"我说:"那样不就更显示我有分量吗!"

"哈哈—"史先生刚哈哈两声便嘎然而止,小心地看看周围,见无他人,便说:"你快走!"。回到席棚,全屋同志都跟我开玩笑,问我还有没有钱,也想回趟北京,抱抱媳妇。还有人骂史先生"讨好"、"假积极"。后来,我到历博保管部工作,说起这件事,大家还笑个不停。

二

1975年,我由北馆调到南馆,分配到历博保管部编目组。这个组由几位老专家组成。有史树青、杨宗荣、石志廉和李鸿庆。这四位老专家中,史树青先生是最后一位谢世的。领导向我交待的主要任务是帮助这些老先生总结经验,向他们学习文物鉴定知识。到历博保管部不久,领导找我谈话,说要保送我到北京大学,给一位著名古文字学教授作研究生,这事我首先找史先生商量。史先生首先肯定这是好事,但又说:"你年龄大了些,(当时已38岁),从北大回来40多了,你又是北馆过来的,对历史文物还不熟悉,学习回来多认几个古文字能干什么事?"我说:"是呀,我也想过这点了,离退休还有20年时间,时间不允许我学好了再干,必须边干边学,就像有的工厂,必须边建厂房,边出产品。再说,我的孩子不满一岁,上有老爹老妈,很多家务活儿等我干,家庭条件也不允许呀!"史先生最后说了一句:"实事求是吧!"

经过认真思考,我走进保管部主任李士英的办公室,说:"我非常感谢领导对我的培养,觉得自己去北大学习有很多困难,还是让我留在编目组,跟史先生他们学习鉴定吧!"李主任说:"我们考虑将来让你担负一定的行政工作(暗示提拔的意思),才派你去学习的,你愿意留在编目组学习也好,去不去你自己定!"

我既然留下来不去北大学习,领导就分配我参加《中国古代度量衡图集》的编写工作。这本书是联合国教科文组织分给中国的任务，领任务的单位是国家计量局。国家计量局找中国历史博物馆和故宫博物院参加，组成一个编写组。书的主要内容分度、量、衡三部分，历博派我参加，分配我主要负责"衡"。我那时虽然刻苦地学，但要学的东西那么多，真是无处下嘴。现在好了，有具体任务了，就边干边学，老师就是对桌的史先生。有一天，史先生对我说："一级品库有一个像尺子一样的东西，铜的，中间有挂钮，好像还有刻度，他们（指国家计量局的人）不知干什么用的，列目录没有选，有时间你去看看。"先生谈得很随意，我却牢牢记住了这件事。那时到一级品库看东西是很严格的，是有很多手续的。主任李士英同志在我的申请提阅报告上签字时说："这件东西是我在59年从上海征集来的，传说是湖北那边出土的，不知用途，陈列上无法用，你好好研究一下，弄清楚了收到书里去。"李主任又拍拍我的肩膀说："你有这个水平，我相信一定有成果！"李主任一番话，既让我感到心里热乎乎的，又感到一种重大的责任。

　　我在一级品库提看东西时，发现是两支大体相同的"尺"。说它是尺，可上边有钮，说它不是尺，可又有均匀的刻度，我用米尺一量，正好是23厘米，是战国一尺的长度，上面的刻度正好是战国一寸。因两根"尺"锈蚀严重，全貌不能得见。在史先生的支持下，我又写报告，请技术室对其中一只作除锈处理。由于李主任的支持，就同意了我的请求，交技术室除锈。几天过后，技术组组长王玉兰同志让我去看结果。他们对这"尺"的一半多去了锈，刻度清楚了，尤其在悬钮的下面，出现了一个刻成的六十度夹角和一个楚国的"王"字。这个夹角刻度的出现，立刻使我联想到现代台秤的指针，心里豁然一亮：这是个天平杆！天平杆并不刻度呀？为什么刻度呢？我又想到市场上的提系杆秤，秤杆上的秤星也可以看成刻度，秤锤可以看成砝码。砝码在秤杆上即在刻度尺上游动，通过杠杆作用即重乘重臂等于力乘力臂的原理，秤就可以称重了。尺子与砝码的结合，就造出了秤！我首先明确了它不是尺，而是秤杆，后世成熟的杆秤利用一端的提系加上游动的秤锤称重。这件扁平的尺状秤杆提系不在一端，而在中央，这不正是由天平向提系杆秤过渡时的原始形态吗！

我把这个想法跟史先生一说，先生立刻高兴起来，"对、对、有道理！"他说："你把这研究成果写成文章，就是贡献！"我第一次听说这个想法叫"研究成果"。在先生的鼓励下，我写出了《谈战国时期的不等臂秤——王铜衡》。这篇文章在1979年4期《文物》杂志上发表，并得到了中国力学史界的认可，于是有理有据地将这件铜衡秤收入到《中国古代度量衡图集》中，中国历史博物馆的陈列中，也展出了这件珍贵文物。

为编好《度量衡》这本图集，多次召开所收文物的鉴定会。中国历史博物馆一级品库中有一个像手枪一样的铜质文物。表面红褐，一面刻度，一面阴刻篆书"始建国元年正月癸酉朔日制"。此器由固定尺和活动尺两部分组成，活动尺正面刻五寸；固定尺正面也刻五寸，除右端一寸外，左边四寸，每寸又刻十分，上部有鱼形柄，中间开一导槽，两只卡爪相并，固定尺与活动尺等长，两尺刻线相对。尺与卡爪成直角，直角处有一固定圆环，状如手枪的扳机。因用途不明，一时难入"图集"，但这件汉代新莽时期的文物又很珍贵，不收进去又很可惜。有一次在北京友谊宾馆开鉴定会，著名中国古代科技史专家王振铎先生高举这件文物说："谁能研究出这把'手枪'的用途，我好好谢谢他！"史树青先生也参加了这个会，那时史先生与夏玫云老师结婚不久，一天晚饭后，约姚立信、石志廉和我到他的新房看看。路上，史先生对我说："王天木（王振铎号）说的那把'手枪'，你研究研究，研究出来不但可以收入图录，还可以陈列。"我说："试试看。"自此以后，我每天琢磨，除了到图书馆翻阅大量清代金石著录，还学了微积分。1978年，我写出了《世界上最早的游标量具——新莽铜卡尺》。配图、拍照等一切都搞好了，请史先生过目，先生认真地读了，他又交给石志廉看。史先生说："好！换个人写不出来！"并亲自推荐给馆刊："一个字都不要改！"1979年中国历史博物馆馆刊第一期发表了这篇文章，以后，中国历史博物馆的陈列室也展出了这件新莽铜卡尺。

史树青先生几乎每天都要接待来访，先生总是把我推荐给来访者，一起参加座谈。1979年下半年《文物》杂志的一位编辑来办公室做客，希望先生写一篇有关台湾方面的文物。先生立即推荐出北魏曹天度造千佛石塔，先生说："这件东西原是山西朔县崇福寺的，抗战期间被日本人劫走，1945年抗战胜利后归还中国。解放前运往台湾，现存台北历史博物馆。但这一个塔没有塔刹，不完整。巧得很，这个塔顶在我们库房里。据说，当年日本人劫掠这个石塔时，一个装箱工人趁日本人不注意，把这个塔顶给藏起来了，后来辗转到了历博。"编辑同志说："这篇文章好，内涵丰富，就这样定了。"先生为了提携我，说："东瑞也写一篇，库里有的是可写的，写完一起送去！"送走编辑后，先生告诉我："记得一级品库里有一件明末的兵部关于澎湖列岛的报告，前半段在咱们这儿，后半段在台湾，你去查查，写写这个挺好！"

我到一级品库提阅了这件文物和相关档案资料，得知前中央研究院历史语言研究所明清史料组编的《明清史料》乙编第七本中有一篇明代天启五年的《兵部题行＜条陈澎湖善后事宜＞残稿》，选编时，由于只见这件题行稿的后半部分，印行时便在前面加了"上缺"二字。这个题行稿是一份中国人民反抗外来侵略的重要文献。由于残稿短缺，所以自发表以来，很少有人使用。这件文稿，原存清朝内阁大库。这前半部分述说了福建巡抚南居益会同福建巡按姚应嘉给天启皇帝的报告，陈述了澎湖列岛是我国海防的重要阵地。后半部分则提出了防止荷兰等殖民者再次入侵的十项措施。

由于档案资料及编目卡都是现成的，所以很快就写完了，拿给史先生一看，先生说："挺好！"我说："这篇文章没费劲，用的都是现成资料，我只是编了一下，用我的名字发不合适，用个笔名吧！"先生说："这事你自己定吧！"1980年《文物》第一期发表了史先生的《北魏曹天度造千佛石塔》，其后，是我的《兵部题行＜条陈澎湖善后事宜＞残稿补残》，用的笔名是文宏。

1982年春，河南的《史学月刊》来北京约稿，找到史先生。交谈中，先生将我完稿不久的《中国历史文物鉴定史略谈》推荐给来访者。不久，《史学月刊》第六期发表。1983年《新华文摘》第二期全文转载。史先生拿着这本杂志，对全屋子的人说："东瑞的文章在新华文摘上转载了，这是全国的杂志之王，这是咱们历史博物馆的人第一次在《新华文摘》上发表文章，大家看看！"先生的这一番推荐，像是表扬我，又好像也是在宣扬他培养学生的成果。

在历博保管部工作了五年多，后因馆里调我去博物馆学会办会刊，不十分情愿地离开了历博保管部。回想起来，令我十分感念的一是李士英主任这位长者，慈祥宽厚。在业务上支持我、鼓励我，在那里觉得很温暖、踏实；二是史树青先生的无私帮助和提携，使我学到很多本领和知识，在他身边工作很有乐趣，很有长进，实实在在地说，我是他的有其实无其名的研究生。时时刻刻对史先生的怀念，是我由衷的感受。

永远难以忘怀的记忆

吕长生

2007年11月15日,史树青先生去世后的告别会,发送了《史树青先生生平》,给前来悼念史先生的各界人士每人一份。其中一小段说:"史树青先生不仅是一位学者,一位和蔼可亲的长者,更是一名具有诚挚爱国情操的知识分子。多年来,先生不仅为国家广收文物精品,而且还将自己珍藏多年的汉铜熨斗、隋大业六年铜佛造像、唐三彩腾字盘、明海瑞《草书轴》、清代邱逢甲的《行书诗轴》等一批极富历史价值的文物捐献给了国家。"其中,清代邱逢甲《行书诗轴》,据馆里账册记录,"是1954年10月"史先生捐给原中国历史博物馆的。

1983年初夏,有一天下午下班后,我去博物馆东门外传达室取《北京晚报》时,恰遇史先生下班从大楼东门南侧的门洞走出来。先生对我说:咱们馆里藏有一件清代邱逢甲《行书诗轴》,是他所捐。其姓"邱"字右侧有耳旁,不知者往往写错;邱逢甲是清代末年台湾爱国诗人。这件文物应该介绍发表,要我来写文章,并顺口说出邱逢甲著有《岭云海日楼诗钞》,可以参改。先生说话时的表情、语速、站姿等情景,至今仍在眼前。改革开放初始之际,中央出台了对台湾问题的新政策,我明白先生的心意,所以遵先生之命,借阅邱逢甲的诗文,并查阅其它有关资料,撰写小文。1983年第六期《文物天地》第十八页,以《台湾爱国诗人邱逢甲的手迹》为题刊出。

一件文物收藏、捐献、发表,几十年过去了。为了从中深刻感受、理解史先生选藏文物的超凡眼力、提议适时公之于众所有的重大深远政治含义,今天,简要重温邱逢甲其人及其行书自作诗,十分必要。

邱逢甲（1864-1912年）,又名仓海,字仙根,号蛰仙。台湾省彰化人,出身望族。清光绪十五年（1889年）进士。他是近代我国台湾省的爱国诗人,诗作内容表现了他为国家独立、领土完整进行英勇斗争的思想情怀。梁启超称他为晚清"诗界革命之巨子"。柳亚子《论诗六绝句》中说:"时流竟说黄公度,英气终输仓海君;战血台澎心未死,寒笳残角海东云。"1894年中日甲午战起,在故乡他捐献家资、训练义军、组织民众,为保卫台湾宝岛而战。中国战败,签订了丧权辱国、割地赔款的中日《马关条约》。当时年仅三十二岁的邱逢甲,为国家民族的危亡所激怒,曾三次刺血上书清廷,抗议其卖国苟安的行为。日本出兵入侵台湾,他自任将军,率领义军抗日。在新竹战役中,与敌人血战二十多个昼夜,终因敌我力量对比悬殊而遭失败。此后他被迫来到广东,以"台湾遗民"自称,不忘故园沦陷之耻,满怀恢复失地之志,创办学校,培养人材,曾任广东教育总会会长等职。他积极支持孙中山和同盟会的革命斗争,辛亥革命后南京临时政府成立,他成为政府中第一位台湾籍的参议员。1912年因病在广东去世,享年四十九岁。

史先生捐献的邱逢甲行书自作七绝诗轴,纵146,横39.2厘米。诗云:

夜来忽忆儿时事,
海沸天翻四十年。
心绪如潮眠不得,
晓星残角五更天。

署款："戊申五月二十八夜作。伯阳大兄世讲属正。邱逢甲。"下钤篆书方印二：一朱文"台湾邱逢甲印"；一白文"义军旧帅起部侍郎"。按"戊申"为清光绪三十四年，即公元1908年。时年邱逢甲四十五岁。这首七绝以《五月二十八夜不寐》为题，刊载于他的《岭云海日楼诗钞》卷十一。邱逢甲夜不能寐，"心绪如潮"。诗文，回忆欢乐与悲壮；印记，述说故土和旧部。

邱逢甲，一名血战台澎的民族英雄；一名激情豪迈的爱国诗人；一名劲秀宏丽的特色书家。名垂青史，感动世人。其手书墨迹入藏今中国国家博物馆，世代传存，缘于慧眼识珠的史树青先生。

对学界名家史树青先生来说，把自己珍爱、熟悉的文物撰文发表，易如翻掌。但是，先生却主动提出让晚辈后生的我执笔来写。这，常人难以理解。其实，在史先生却不止一次。此前，大约是1979年初秋，《光明日报》当时开设有多个不同专业的学术性版面，《考古与文物》是其中之一。为了向文物学专家史先生约稿，报社的高级编辑刘汉屏先生，与其年轻助手一起，亲自登门，来馆里文物组办公室，当面向史先生说明来意。热情谦和的刘先生没有想到，史先生一边同他

亲切交谈，却一边婉言推辞。同时，把我介绍给刘先生认识，并说前不久《文物》月刊发表了我写的与刘先生意愿相关的文物评价文章。承蒙史先生的美意及刘先生的相助，让我所写的拙稿此后刊载于1979年11月11日的《光明日报)》。

1998年9月，由文物出版社与澳门书法家协会共同主办的《第三届中国书法史论国际研讨会》在澳门举办。同年春，我为研讨会准备撰写论文，收集清初广东著名诗人、书法家陈恭尹（1631-1700年）的诗文及书法资料。当时面临一个很大难题是借不到陈恭尹的诗文集。史先生也在撰写论文，准备出席这次研讨会。他知道我的论文内容及困境时，马上从家里拿来两种关于陈恭尹诗文、生平的

重要书刊,帮我走出困境,顺利完成论文《陈恭尹及其书法艺术》(见《第三届中国书法史论国际研讨会论文集》文物出版社1998)。为了诚心感谢史先生,我在文末特意列出致谢文云:"附记:陈恭尹的诗文集《独漉堂集》,中国历史博物馆图书馆没有藏本。1995年因工作需要,曾去科学院图书馆查阅陈氏诗文集,因不外借,短时间内做了有限的笔记。今年春,因撰此文,资料困难之际,我馆研究员史树青教授热情相助,把香港友人赠送他的《独漉诗笺》及《蕴庐诗草》六册,大十六开本,携至馆中,借我查阅,使此文得以顺利完成。谨此志谢"。

　　史树青先生就是这样的人。

　　他献身文博,勤勤恳恳,业绩卓著,名满天下;他为人师表,满腔热情,诲人不倦,声在人心。

　　这里,怀着永远难以忘怀的记忆,衷心祝愿,先生在天之灵,安息!

2008年7月15日

忆史公

易苏昊

时光匆匆,转眼我非常尊敬的史树青先生,离开我们已近两年的时间了。在我的脑海中,时常浮现他和蔼的笑容,时常追忆与他共同工作的那段美好时光。

我于1975年进入中国历史博物馆,也就是现在的中国国家博物馆工作。刚进馆时就听说了史树青这个名字,工作不久正好赶上到颐和园春游,别人都去划船、游玩,我们几个年轻人则跟随史先生一起到长廊,听他讲长廊中的人物故事。边走边讲,上百个历史画面,史先生讲得一清二楚。我当时只有十八、九岁,被他的渊博知识所深深地吸引,并留下了深刻的印象。自此也开启了我在以后的工作中,不断探求的渴望。

记得1986年,应田家英同志的夫人董边的邀请开始编写《小莽苍苍斋藏清代学者法书选集》一书,史先生担任主编,我有幸与陈烈先生担任副主编,参加编写的人员有杨文和、郭秀兰等馆内同事。在编写过程中,史先生要求每一位参加编写的同志,都要对所写的作品,做到查出渊源,检阅详实,作品中的款识要一一写清楚,尤其是对作品中的上款,更要认真查阅,做出卡片,查出出处。并说虽然只是一个小小的说明文字,但能做出大学问。我们都知道古人的书法,尤其是书札类的文字是最难辨识的,而且涉及的知识广泛。在编写过程中,就遇到过这样的问题,比如清江声致渊如德书札,是用古篆所书，对于年轻人来说不仅有些字难以辨识，而且书札中所涉及测量、占验及地动仪等诸多内容，非常复杂，而且对内容的理解，断句，也是非常棘手的。但在史先生的指导下，书札的内容一一解决，由此可见史先生对于旧学有着深厚的功力。

  史先生早年毕业于辅仁大学，对于诗词的写作，史先生也是信手拈来，我遇到过许多次，来访的人要史先生题字写诗，他都是当场作诗，而且是才思敏捷。在先生年轻的时候，就出版了《几士居词甲稿》，顾随、孙人和、郭则沄等先生为其作序、评。"宫墙十里丝丝柳，红也成堆，绿也成堆，夕炤低迷燕子飞……"虽为少作，不难看出才华横溢之气。只是先生从1947年从事博物馆工作之后，这样的词就少见到了。而更多的则是吟咏祖国文物、悠久历史文化之作。我与史先生在同一办公室，工暇时就请先生为我写他作的诗词，至我离开博物馆，大致为我写了大约四、五十首诗吧。"昔过丝绸路，驼玲几度闻。今唱渭城曲，出关有故人。燕市春天树，河西日暮云。水湾名大地，彩陶鱼成文。青铜铸天马，驰传通大秦。魏晋砖画象，下笔若有神。礼佛双石塔，经变重报恩。四众来络绎，观瞻具凤因。愿言无量颂，花雨落纷纷。"这是写给甘肃丝绸之路文物展览会的颂诗，诗中概括了甘肃的文物古迹，引经据典，活用古人诗词，耐人寻味。致于史先生的书法风格，我们可以从《史树青金石拓本题跋选》中领略到其俊秀、极富书卷气的书法风采。

  史先生的知识渊博，记忆力惊人，在长期的文物工作中，总结出了读、摸、写的工作要素，对于文物的定名，年代，用途，有着独特的理解，这些都源于他日积月累的，对历史、文物、国学的扎实的研究。记得中央电视台"大家"栏目，在采访史先生时，问史先生，您的学问的来源。回答只是淡淡的一句话"书皮上的学问。"而对现在来说要做到"书皮上的学问"，谈何容易啊！

2009年8月

心的祭奠
——缅怀史树青先生

张挏中

史树青先生与启功、杨仁恺、徐邦达三先生齐名，为"四大文物鉴定家"，是"国宝"级的大师。当收藏成为一种"时尚"，并经媒体广泛宣传，各电视台"鉴宝"节目推波助澜，大有"旧时王谢堂前燕"，而今"飞入寻常百姓家"之势了。然而，当收藏成为一种"文化"，一个有眼力、有学识，判断力准确的鉴赏家，那可是"千军易得，一将难求"呢！前几年启老已作古，而今史老又离世，则痛感我国文物鉴定后继乏人，暂缺将帅人物也。

同是邻居

我与史老同住中央民族大学社区1号高楼，他住西头我在东头，出入"电梯"常相见，真个是"远亲不如近邻"，我就"近水楼台先得月"——成了史老晚年的"编外"学生，有幸聆听他的教诲。又因为我俩都是北京市文史研究馆馆员，有时开会同车往返，史老因行动不便，我可相搀扶照顾，以尽晚辈之责，又不失校友和馆员之谊，对此善莫大矣，是我的"缘分"和"福分"吧！而今，这一切竟成了记忆中的回放镜头。史老于2007年11月7日凌晨与世长辞，享年86岁。我痛失良师益友，为缅怀史老，深表哀思，今将鲜为人知的"一件小事"追记于下，作为我"心的祭奠"！

礼贤下"士"

中秋、国庆、重阳三个节日紧相连，市委、市政府的领导同志总会来文史馆看望馆员老先生，以表敬老崇文和节日的慰问。有一年的中秋节，馆里安排在新大都饭店活动，让老先生们聚聚，听听京戏、看看演出、吃顿饭。这可让史老犯难了，因为半月前他就答应了部队的"中秋笔会"，为了"两全齐美"，笔会后，他没去赴宴就赶来参加馆里的聚会。因路远加之堵车，当他赶到时，筵席接近尾声了。史老就让夫人陪着开车的小战士入席用餐，并一再说："来晚了，可要吃饱吃好、慢慢吃。"安排好了，他才走向自己的席位上去，这是多么的细心、周到啊！真正的礼贤下"士"了，可知这是学富五车的"博学鸿儒"对"普通一兵"小战士的礼遇尊重啊！

一起回家

餐毕，馆员们在饭店门口等着"打的"回家。史老在夫人的搀扶下，向那辆军车牌的"大奔"轿车走去。司机小战士提着两个"礼品袋"放进车后备箱中。正在此时，史老见我步出饭店大门去"打的"，便用手仗指着卧车对我示意："一起回民大，上车吧"。

我感谢地说："您老不怕挤？"

史老却笑而不答。于是，我入后座与他并排坐着。这时，史老不无幽默地说了一句："挤挤还能坐一人，能为馆里节省10元的打的费呢！"

坐在副驾驶位上的史老夫人回过头来对他说："现在是2元一公里，车一起动就10元，您'老皇历'了！"

原来，史老要我搭他的车走，旨在为国家节约，能省就省。如此俭朴，知微见著啊！都说"于无声处听惊雷"，这该是"于无声处听心声、见精神"了。史老"大智若愚"的外表，却有一颗金子般的心，实在令人感动、钦佩！

再三"礼让"

当车开到民大1号高楼门前时，我搀扶着史老下了车。司机打开后备箱拿出三个礼品袋，给了我一个，那两个给了史老夫人，准备送我们进楼乘电梯，史老便问他："每人一个，我怎么有两份呢？"

"一份给史老，一份给史老夫人。工作人员交给我时这么说的。"司机小战士认真地回答着。

"那怎么行？馆员每人一份，我不能例外，更不能多占！"史老要夫人送一份给司机小战士。

"不行不行，绝对不行。部队的纪律我不能犯，坚决不能要！"司机小战士着急地说着。

"今天是中秋节，是我送给你的，还不行吗？"

"不行不行，我做不了主。拿回去要挨批的！"

"那你拿回去向领导汇报，说这是我代表文史馆送给你们司机班同志过中秋节的，还不行吗？"

这一老一少如此地对答如流，说对口相声似的。其情，真实感人；其态，"倔"得可爱呢！

这时，我便趁机将史老夫人递给我的那个礼品袋，悄悄地放进汽车后备箱中了。并对司机小战士劝说："史老是你祖父辈的老爷子了，送给你的中秋月饼不要？惹老人家生气了吧？！再说你开了一天的车，来回接送也够累的了，史老送你月饼——不吃白不吃啊！"

盛情难却呢！也将小战士逗乐了！他举手向史老敬了个军礼，便走进卧车调头去了。临走时，他摇下汽车的玻璃，伸手向我们招呼："再见，祝中秋节快乐！"

车开走了，随之传来车内高级音响的音乐："说句心里话，我也想家……"

史老和夫人都乐了，我也笑了！可不，每逢佳节倍思亲呀！

史老啊史老，愿您在天之灵，能听到司机小战士的音乐和我这篇拙文《心的祭奠》吧！安息吧，史老！

后记

2007年11月9日下午，我去史老新居看望他的夫人夏玫云女士，深表悼念并致慰问。她说："家里不设灵堂，如果摆满花圈挂上挽联，那样的气氛我会受不了的……"稍为停顿了一下，她强忍住热泪说道："史老走了，没有留下任何遗嘱。他一生无怨无悔，走的安详。86岁的高龄了，他一直坚持工作到生命最后的日子……"她随手翻开台历的日程表，接着说："那排满的活动记事，健康人也吃不消啊。史老是在抢时间呢……作为他的妻子，我要坚强地活下去，整理好他的遗著就是对史老最好的缅怀！"同时，她也表示要谢谢大家对她的关心。于是，她特地将凤凰卫视"文化大观园"栏目录制的《国宝史树青》光盘和史老生前最后审定、最近出版的著作《鉴宝心得》一书相赠予我，并说日后将出版缅怀史老文章的纪念册，同意我将那次同车回民大的中秋节写写，并嘱我不要一写纪念文章，就是悲悲凄凄和眼泪汪汪的……

是呀，生活还在继续，仍然充满阳光。我就用散文写成类似报告文学的《一件小事》，不知当否？但愿史老笑纳，夏女士首肯。

谦和恭谨　鸿辞博学
记史树青先生二三事

丁山

史树青先生走了，享年86周岁，比孔圣人还高寿，应该说真的不易了。史老先生的一生大多是在国家博物馆供职，鉴赏、研究、鉴定文物半个多世纪，当然早就是国内外公认的文博大家了。

初次听人提及这位文博大家还是早年在北师大读书的时候。那时，听刘乃和先生教授目录学、年代学的课程，也常听她讲述陈垣先生早年的治学事迹以及师兄弟们之间的往事，就知道了史树青先生原本是读国学的，后来又当了陈垣先生的史学研究生，是以，其国学与史学的功底之扎实、之深厚就不难理解了。

真正结识史老先生是在首都博物馆筹备处时期。那时，首都博物馆历经三上三下近30年的筹备终于面临开馆在即了，可不少文物尚需要补充鉴定，因此，诸如傅大卣、程长新、李孟东、刘九庵、孙会元等老先生们便隔三差五应邀来馆看东西，也参加展陈内容的讨论和论证。当然，见虽见过的，可毕竟属于工作交往，私下接触机会极少。只是刚好与史先生的公子和平兄很愉快地共事了一段时间，又恰逢机缘凑巧，才经由和平兄的引见，算最终拜识了史老。

初识史老，即为其平易谦和的长者风范、儒雅健谈的学者气质所深深打动。那段时间，我除了在保管部整天忙于日常工作外，闲暇之时，兴之所致，不记得为了什么，竟兴致勃勃地考究起了楹联。

史老知道后,说,年轻人喜欢这个不容易,你不妨先读梁章钜的《楹联丛话》,那是最早讲楹联的专著。书马上就借到读了,可对梁章钜于楹联起源所作的翔实史料举证与明显矛盾的结论却百思不得其解。适经史老先生点拨,方从"尝闻纪(晓岚)师云"之句中体味出个中原委,才体味出古时文人虽治学谨严,却不肯轻言师长谬误的厚道之处。

1999年底,我调到了《收藏家》工作,名义上主持《收藏家》编辑部的工作,可马上就要改成月刊的杂志社却只有我一个在职在岗的编辑,因此,整天忙得团团转,本该去拜望史老先生的,却迟迟未能成行。

史老虽然不在杂志社上班,但毕竟是主编、老前辈,一日,正心中忐忑呢,不料史老却来了,并兴致勃勃地一直聊到很晚才回家。那以后,由于少有非登门打扰他老人家不可的事情,所以,除了开会和参加活动,竟很少再面对面聆听他老人家教诲了。不过,不久后,史老又来找过我一次,不是闲聊,也不是谈工作,而是为了一件文物真伪的纷争。因为,史老以为确真无疑的一件稀世珍品,价格又不高,故力主国家博物馆收购。而以其伪者,则是更著名的大学者,并且职位也高。那次,史老先生坐在我办公室谈了很久,并且动了感情,语速少见的快,道理反复地讲,还一再说,希望能尽快发表,如果有不同意见的文章也可以照样登载。

老先生的这篇文章并不长,千余字的短文,当算个急就章;老先生的文章本身虽算不上经典、重大,可重要的是牵扯到一件罕见历史文物有可能因为人们不识而流失。文章叫《成吉思皇帝圣旨金牌考》。史老认为,1998年12月河北廊坊文物商店大城县收购站所购的一面符牌——"天赐,成吉思皇帝圣旨,疾。"其牌银质,文字鎏金,故称金牌。根据史料的记载,元太祖铁木真时蒙古尚无文字,所用文字多为汉字,兼有契丹文等。此牌正面双钩汉字,背面契丹文直译为"走马",意即"宜速"或"疾",与文献中描述相同。同时,与早年热河出土流失到日本的"成吉思圣旨牌为世界所仅有"的那一面形制、文字皆相同。因此,史老认定,此当为"国内仅存的成吉思文物"。史老的短文考证得非常认真,道理也讲得足够充分,于是发表在《收藏家》2000年第4期上,而史老先生也最终说服了专家学者们,便得这件珍贵文物进入了国家博物馆的收藏目录。

我与文物行里的许多人一样,非常敬重史树青老先生,不仅于他的和蔼可亲,他的博学广识,而且在于他从来就不端大学者架子,还好滋滋有味地在地摊儿场肆的四下转悠,主动地与人攀谈。人们尊重他,不仅在于他的博学,还在于他对文物事业的执著,他那持守一生的爱国敬业精神。

征史探源　去伪存真
——忆史树青先生的鉴藏人生

张丁

2007年11月7日凌晨，躺在北京阜外医院的病床上，与病魔抗争了一个月之后，史树青先生悄悄地走了。

史树青先生是全国文物收藏界非常熟悉的老前辈，是中国收藏界当之无愧的一面旗帜。他1922年生于河北省乐亭县，8岁随父迁居北京。1941年北京师大附中毕业，考入辅仁大学，中文本科和历史研究生毕业。从1947年开始在历史博物馆工作，曾任中国国家博物馆研究员、国家文物鉴定委员会副主任委员、中国收藏家协会会长等职。他长期从事文物征集、鉴定及文史研究工作，于书画、金石、碑帖等领域用功甚勤，成果显著，代表作品有《书画鉴真》《鉴古一得》《史树青金石题跋集》《仰天湖出土楚简研究》《中国历史博物馆藏法书大观》等。退休后他常年奔波在收藏第一线，出席活动，传道授业，题词留言，义务鉴定，是民间收藏事业的有力推动者。

2004年五一期间，《艺术品投资》栏目推出了整版打通的特别节目《鉴藏人生》，选择了史树青、马承源、汪庆正、李学勤、杨伯达等几位在鉴藏领域有突出贡献的文博界专家作为采访对象，通过15分钟一期的节目，追寻当代几位鉴藏大家的人生轨迹，感受他们富有传奇色彩的心路历程。我有幸负责史树青先生这期节目的采访及制作。为了把这个节目做好，我花了一周的时间，跟踪采访史老一周的活动，还专门到史老的旧居和单位进行了拍摄，获取了较为丰富的资料。后来我又与史老有过多次接触，进行过几次长谈，对史先生的鉴藏人生有了大致的了解。

2005年4月我创意、发起了抢救中国民间家书项目，邀请史先生出任组委会专家委员会委员，他欣然同意。6月18日"民间家书征集成果展"在北京琉璃厂举行，史树青先生亲自出席，并即兴为家书项目题词："书信函扎俱为史料，其中人物、事件、时间、地点均需清楚。今人应下考证功夫，但人材难得，宜多培养，方为上策。"这对于民间家书的整理和研究具有重要的指导意义。

在史先生逝世一周年之际，谨以此文寄托对这位文物大家的怀念之情，愿他的鉴藏思想对我们有所帮助。

鉴藏年少独名家

在北京东单附近的东堂子胡同，有一座普通的平房院落，从8岁来到北京，史树青先生在这里生活了70多年。后来，他虽然搬到了相距20公里的西郊，但每隔一段时间，总要回到老房子看看，有时还要住上两天。院子里种着一片竹林，一到夏天，绿叶茂盛，竹影婆娑，史先生的书房故名"竹影书屋"，至今史老还珍藏着叶恭绰先生为他题写的"竹影书屋"条幅。

史树青先生自幼喜爱读书，尤其喜欢古玩字画。9岁左右就常随父亲到琉璃厂看画，听书画家和画商们品评。他中学时就读的北京师大附中正好在琉璃厂附近，几乎每天放学后他都要到那儿逛逛。后来史先生曾说，琉璃厂是自己鉴藏生涯的启蒙老师。每当提起这段生活，他总要想起对自己影响深远的另一位老师。

"因为琉璃厂有很多卖书画的，每年正月十五就有画棚子，搭上席棚在那儿卖书画，随便挑，也很便宜。那时候，我父亲常去琉璃厂买东西，我也跟着去。放学后，自己也经常去逛琉璃厂，去画棚买东西，有时候也碰到老师买东西，老师买来之后一般都让我看一下，大家互相切磋，有时候我的见解能让他们佩服，所以这段时间我与喜爱书画的张鸿来老师接触较多。"史先生告诉笔者。

当时，张鸿来先生教国文，在师大和师大附中都讲课，很有学问，又喜欢书画，也有研究，出版过书法方面的书。

在史树青的一生中，遇到很多对他帮助很大的人，其中既有郭沫若、叶恭绰、启功这样的名人，也有一些普通人。"要说影响最大的人，我觉得第一位应该是张鸿来老师，其次是周肇祥、启功、余嘉锡、陈垣等先生，这几位先生对我的影响很深，对我的帮助和教育很大。最近我正想出版一本书，叫《读画怀人集》，记录他们的一些往事，怀念这些老先生，也包括郑振铎、邓拓、沈从文诸先生。"说这话时是2004年，后据了解，三年后史先生遽然离世，这本书并未完成。

1941年史树青从师大附中毕业，特意做了一本纪念册，请老师和同学们给他写几句鼓励的话，其中张鸿来老师给他作了两首诗，是两首绝句。诗中特别夸奖了这个喜爱书画的学生，其中有两句让史树青终生难忘："书画常教老眼花，鉴藏年少独名家"。一方面，老师赞扬他在书画鉴赏方面的成绩，另一方面，希望他不要耽误青春年华，好好前进。"可以说，这两首诗陪伴了我一生，它对我后来终生从事文物工作，走上鉴藏道路，所起的作用是无法估量的。所以，我非常感谢张鸿来老师的教导。"数十年间史先生一直珍藏着这本毕业纪念册，每次看到恩师的题诗，他就会想起那段难忘的岁月。

史树青没有辜负恩师的期望，高中毕业后考入辅仁大学，先读中文本科，又读历史研究生。毕业后进入当时的北平历史博物馆，即后来的中国历史博物馆，在文物系统一干就是50多年。

见物见人鉴真宗

20世纪90年代初，我国民间收藏开始活跃起来，史树青先生也更加忙碌。他曾担任中国收藏家协会会长，为推动民间收藏做了大量工作。在艺术品鉴定方面，史先生主张见物见人，即在鉴定一件器物或书画作品时，要和与其有关的人联系起来。

见物见人是史先生在鉴定工作中提出的一个观点，实质就是在鉴定中要研究历史。什么是历史呢？他认为历史包括四个方面，即历史时间、历史地点、历史人物和历史事件，其中最核心的就是历史人物，也就是要见的人，要见的物指历史文物。在鉴定中，看到一个东西、一件文物，首先要知道这件东西跟谁有关系。

史先生曾经拿一个瓷杯子解释见物见人的意思。他说："如果这个杯子是毛主席用过的，或者其他领袖人物使用过的，那就有意义了，其真伪、价值也容易判定了，这就叫见物见人了。反之，你如果随便拿一个瓷杯子来，上面没有人的名字，也不知道是谁用过的，你只见到物，见不着人，那么它的真伪、价值就很难判定了。所以，在鉴定 件文物或者其他艺术品时，我们必须见物见人。"

字画也是这样。"拿来一张画，谁画的，一张字，谁写的，都要考查。如果上面有作家题的名款，这是有款了，价值就高。另外我们还要了解书画家所处的时代、他的经历、他的师传以及对后代的影响，这就叫见物见人。"

如何才能做到见物见人呢？史先生主张搞字画鉴定更要以人为本，不但要以今人为本，还要以古人为本，要记住很多人名，了解很多人，这就叫人名学。

孟子说："诵其诗，读其书，不知其人，可乎？"孟子强调，我们在读诗书时，一定要了解诗文作者的有关情况。"同样，我们在鉴定工作中，也应熟知相关的历史人物。不然的话，你打开一幅画，连作画的人都不知道是谁，那怎么鉴定真伪呢？如果你打开一张画能看明白是谁作的，知道这个人的简历，知道这个画家的生平，那对鉴赏这幅画太重要了，这就是以人为本。"所以，史先生主张要记人名，记得越多越好。他说，天津的刘光启先生能记1万个人名，看字画就特别有用。除了记住人名以外，最好还能了解这些人的大体情况，包括所处时代、生平简历、艺术风格等。

史先生在书画鉴定工作中还提出了"书画征史"的论点，强调鉴定任何一件文物，都要以历史价值第一、艺术价值第二为原则，提倡紧密结合文献、史料，广收博取。

有人称史树青先生是文物鉴定的通才，他觉得自己什么都懂点，但是不精。"为什么这样说呢？因为从1947年起，我就在历史博物馆工作，见物见人是很多的。历史博物馆收藏的东西十分丰富，特别是解放以后，建立了全国性的中国历史博物馆，从各地征集来的文物非常多，所以我见到各地出土的文物、收藏的文物很多，事实证明这对提高眼力很有帮助。其次，北京是首都，云集了众多的学界名人和专家，他们到博物馆来看东西，我也能与他们接触一下，从他们身上往往能学到书本上所没有的知识。像叶恭绰先生、张伯驹先生、邓拓先生、沈从文先生等都是我在博物馆工作时认识的师友，对我帮助很大。我见物见人比在外地的机会多，这对我从事文物鉴定工作来说是非常幸运的。"因此，他希望在博物馆工作的同志应珍惜自己的工作机会，抓紧时间多研究文物，博采众长，丰富自己的知识。

1954年，史树青的第一本学术专著《长沙仰天湖出土楚简研究》，就是在著名文人叶恭绰先生帮助下出版的。

说起叶恭绰先生，史树青言语中充满了感激之情："叶老是一个文化人，他常跟我说，说他过去在北洋政府做总长什么的，那都是没用的事情，主要干的还是文化事情。我说那正好您给我写一个匾得了，给我书房写个匾，写的是：竹影书屋。他很高兴，还说了一个故事。他说，吴湖帆呢叫梅影书屋，梅花的影子映照书屋，我是竹影书屋，他说你这个名字跟吴湖帆先生是梅竹双清，这是叶老对我很赞扬这个意思，跟吴湖帆并列。"

在历史博物馆工作时，史树青与著名收藏鉴赏家张伯驹先生也有过交往。他十分佩服张伯驹深厚的古诗词功底，说张先生曾为他写过一首藏头诗，其中两句是："树木新栽休斧伐，青山常在有柴烧。"不仅对仗工整，而且具有保护人才和环保多重含义。

凭借扎实的文学功底，史树青在业余时间创作了不少的诗词，其作品被收入《当代词综》。他书法功底深厚，所作楷书，工整秀丽，为书画、金石拓片作了大量的题跋。有一次在杭州的一家古玩店他发现了一块西汉朱雀纹瓦当，刻有鸵鸟，十分罕见，于是即兴做了题跋。"书画，特别是金石拓片，拓了以后要题跋，会增值。当时我在杭州题了几行字，正好有一位台湾人看见我在那儿拓，他要买，当时我就拓了一张，题了几个字，200块钱，卖给他了。我一共拓了10来张呢，也能卖不少钱。所以，拓东西，有个东西做拓片，这是无穷的富贵。"

真正的艺术品一定会增值

近几年，收藏热带火了各类艺术品市场，但大量仿品、赝品充斥其间，令收藏者真伪难辨。特别是有些收藏者对国家文物政策不甚了解，收藏行为存在一些隐患。虽然中国文物等各类艺术品浩如烟海，但毕竟它们的生产和流传都有科学的界定。如何去伪存真，拨云见日？就此问题，我曾专门采访史树青先生。他指出，真正的艺术品一定会增值，投资艺术品市场必须先了解国家的文物政策。

我的问题是：有人认为，目前国内书画、瓷器等艺术品的市场价位已经很高，有的甚至超过了国外的价格，一般人不好再介入，那么您认为这种现象正常吗？中国艺术品市场究竟还有没有升值空间？

史树青先生回答："我认为出现这种现象也是正常的。为什么呢？因为真东西价格稍微高一点儿，我感觉没关系，只要是真东西，价格高一点儿不吃亏，它们一定要增值，这是肯定的。尤其像现在，大家的收入提高了，银行存款利息又很低，买股票风险更大，买些艺术品存着，只要是真的，就不会吃亏，我觉得可以做这个工作。"

史先生强调，在投资艺术品时先要了解国家有关的政策，哪些可以买卖，哪些不准买卖。

他建议，应该买传世的东西，出土东西的不能要。如果买卖出土文物，那是违法的。在这方面，《文物保护法》和《宪法》是一致的，规定凡中华人民共和国境内地下、内水和领海中遗存的一切文物，属于国家所有。还有一些不可移动的文物，也属于国家所有，民间不能买卖。"有人曾问我青铜器能不能收藏，我说传世的可以收藏，对那些商周时期的青铜礼器、重器，现在看来基本上全是出土的，你就不能买卖和收藏，如果你买了放在家里，就等于在家里放了一颗定时炸弹，早晚要出事。因此，准备投资进入艺术品市场的朋友，一定要先学习好《文物保护法》，从合法的渠道获得藏品。在这方面，绝不能含糊。"

《文物保护法》对公私收藏都是保护的，问题是目前市场上赝品太多，假货横行，给区别传世文物和出土文物带来了极大的困难。史先生认为，只有尽快给文物定级，才能真正杜绝假货。《文物保护法》把可移动文物分为珍贵文物和一般文物，珍贵文物又分为一级文物、二级文物、三级文物。当然也可能有质量差一些的文物，够不上一二三级的，所谓四级的，四级是一般的东西，一般的东西往往有非文物，即旧货。这个旧货跟文物是不一样的，旧货不够级，不是文物。史先生曾随有关部门调查过北京潘家园市场，那里的东西大多数属于旧货，也有文物。但要区分很难，所以定文物的标准很难。"尽管很难，我觉得也要把它当作一个课题来研究，当作一项工作来做，终究会找出一个解决的办法，这样才能更好地进行文物保护，才能方便大家收藏。"

有人说目前全国搞收藏的人有几千万，盛世收藏，这是好事。

史先生常常提醒大家,收藏必须要和鉴赏结合起来,和鉴定结合起来。现在来看,有些不够文物标准,属于旧货的东西,民俗的东西,也有一定的收藏价值,有些旧货将来就是文物。关键是加强学习,弄懂这些东西,分清好坏,使自己的收藏物有所值。

"金碗玉鱼今尚在,法书名画细评量,鉴赏收藏多明智,去伪存真有主张……"史老的这首诗不就是他鉴藏人生的写照吗?!

2008年11月7日

名家追忆　引我东京入梦思
——深切缅怀史树青先生

宋国玉

　　2007年11月7日，史树青先生因心力衰竭在北京逝世。闻此噩耗，顿觉语塞，心情久久不能平静，近几年和史老交往的情景自然而然地浮现在眼前。

　　有幸和史树青先生认识已达十年，受益颇深。虽然每年都有联系，但是近一年和他见面比较多。2006年12月24日，参加中国收藏家协会成立十周年庆祝会，在北京人民大会堂澳门厅见到了他，虽然行走有人相扶，但史老精神矍铄，面容慈祥可亲。我请他在"人民大会堂请柬"上签字留念时，他给夫人夏玫云女士介绍说：这是河南的宋会长，我们在开封见过。夫人笑着点头说"知道，知道"。2007年1月份，在中央电视台举办的春节鉴宝会上，又多次见到史树青先生，我和河南省收藏协会的王金平、史培德、营传友等人到专家休息室，专门看望了他。在鉴宝会上，史老对各地送去的宝物鉴定得非常认真，公正直言，受到了藏家的高度赞扬。

　　2007年3月份，中国收藏文化（开封）论坛新闻发布会在北京人民大会堂河南厅举行，史树青先生任论坛专家委员会主任。会前见到史老夫妇，史老说：论坛开幕时我一定去开封。并说："我今年86岁了，很想再去开封，河南有很多大收藏家，如张伯驹、张舫等，他们不是为私收藏。中国传统文化就是要靠收藏去积蓄，靠收藏去传承。"但是去年十月金秋中国收藏文化（开封）论坛在七朝古都开幕时，史老却未能参加，听说有病住院了。没想到不久，他竟永远离开了我们。

史树青先生和河南有深厚的感情，曾多次来过郑州、开封、南阳等地，参加过二里岗的考古，巡察过古玩市场，帮助收藏爱好者鉴定过字画、陶瓷等藏品，在收藏者的心中，他德高望重，是文博收藏界的泰斗。

在和史老的交往中，最使我难忘的是2000年11月，史树青先生和夫人冒着严寒来到河南开封访书访古，我和建国、国顺等同志陪他巡看了开封古玩市场、开封文物商店、御街古玩一条街和大相国寺。史老边看边问边鉴评，边帮我们"捡漏"，非常兴奋。他说，来到开封看了很多东西，这两天晚上睡不好觉，浮想联翩，写出小诗三首，送给宋先生作为留念。这三首诗充分表达了史老对古都开封文化积淀千载、盛极于北宋历史的回味与期待。第一首是初到开封写的，"冒雪冲寒此胜游，汴京风味冠中州。御街车马如流水，一别曹门四十秋。"心情沉思于对历史的回顾。史老不仅是一位文物鉴定家，也是一位史学家。他对开封的历史演变，特别是北宋时期，开封成为168年的辉煌帝都了如指掌。眼下看到开封古风厚重，宋韵犹在，思绪自然转向华夏民族文化鼎盛时期的北宋。这样引发第二首诗："国运清明政肃时，上河草木发华滋。画图省识丁都赛，引我东京入梦思。"史老曾问我们：《东京梦华录》你们读过吗？书写得很好，是孟元老所著，记录了昔日东京民间和宫廷的文化艺术繁荣盛景。"举目则青楼画阁，绣户珠帘，雕车竞驻于天街，宝马争驰于御路，金翠耀目，罗绮飘香，新声巧笑于柳陌花衢，按管调弦于茶坊酒肆，八荒争凑，万国咸通，集四海之珍奇，皆归市易……"看来当时的收藏文化已形成高潮,雅玩之风极浓。史老在第三首诗中，非常感慨地写道："监院迎人正日斜,东邻为市聚千家。宫阙日课出梵呗,应有诗人续梦华。"史树青先生知识渊博,满腹经纶,赏古论今,记忆力特别好,对各种文物的前世今生熟稔在心。他鉴定字画、瓷器也很少看工具书。他的这首诗预示到开封的未来,期待后人续写新的东京梦华录。我想当今正处于文化大发展大繁荣的盛世,上合天时,下具地利,承载千年历史的开封,一定会彰显收藏神韵,谱写出新的东京梦华录。

史树青先生1922年生于河北省乐亭县,8岁进北京,受家父影响,中学时就爱读古书,爱好文物,1945年在北平辅仁大学毕业时,鉴定字画已小有名气。后投身文博事业60年,做了一辈子文物抢救保护工作。生前任国家博物馆研究员、国家鉴定委员会副主任、中国收藏家协会名誉会长。他与启功、杨仁恺、徐邦达并称为我国四大文物鉴定专家,是鉴定国宝的"国宝",在海内外享有极高的声誉。史树青先生的逝世,是文博界的一大损失,也是收藏界的一大损失。

逝者如斯,史老的精神、品德是永远值得我们学习的,中国的收藏爱好者永远怀念他。

缅怀史树青先生

叶佩兰

史树青先生去世已一周年了,他那憨厚慈祥的面容仍时常浮现在眼前。我与史树青先生虽不在一个单位工作,可是读他的著作、读他的文章,知道他是我们文博界资深的专家、学者。近10年来由于文物事业的发展,文物系统各门类出版工作日益增多,民间文物收藏活动渐渐繁盛盛起来。这样就我有了更多的机会和史树青先生接触。史老是一位值得我怀念和学习的老前辈。他不仅言行质朴感人,而使我感受颇深的是他那渊博的知识。作为国内知名的学者,在盛名之下从不盛气凌人,毫无霸气,其对年轻人关爱诚挚,生活的简朴,对博物馆事业的热爱,都是我亲有感受的。

记得上世纪90年代时,应日本中国美术综合研究所株式会社中岛先生的邀请,史树青先生、章津才先生和我一行,赴日参加中国文物鉴赏会,在活动中最使我难忘的是,史老经常叫我"叶佩兰同志",遇到需要研究的瓷器时,他又说"请问叶佩兰同志",本文所附的图片就是史先生和我在给一位日本藏家鉴定瓷器时的情景。当时我介绍瓷器特点,老先生认真倾听,有时还作补充,有时对我所发表的鉴赏意见大加称赞,使我感到史老待人的热情、虚心,而对别人坦荡,无私的帮助,是他高尚学风的具体体现。

上世纪80—90年代文物局主持编写《文物精华大全》，在山东泰安召开一次编辑出版会议，在会议休息闲谈时，史先生常对我们说，"要多看书，要想学好书画鉴定，最少需要记住5000个书画家的姓名字号及小传"。有一天我们去登泰山，山上名胜古迹及历代石刻颇多，每遇一处石刻，史老就边朗读碑文，边讲解石刻的内容给我们听。又有一天史老突然带来一摞书，送给在场的同志一人一本，书名叫《时代的足迹》，书中有郑振铎谈"韩熙载夜宴图"，唐兰谈"明代吴门画派的领袖——沈周"，还有陈万里先生讲"历代陶瓷"……等许多名人之作，知识性很强。史老边发书，嘴里边念叨着"读书要读好书"，在场的人都很感动。这些小小的往事，使大家受益匪浅，可见史老不仅喜欢和年轻人交往，还时刻关爱着年轻人的成长。

史老热爱博物馆事业，从事博物馆工作60年，在古代书画、陶瓷、青铜器、碑帖等诸多文物的研究上有着很高的造诣。他的专著与学术论文给我们留下了宝贵的学习资料。尤其近年来，在年事已高，身体多病的情况下，他不仅关心国家的文博事业，还积极支持民间文物收藏活动。民间举办的文物鉴赏，研讨会，都拨冗出席，时常发表热情洋溢的演讲，并为民间收藏建言献策。作为一个资深的学者，不管是份内份外的事情，都倾注了极大的热情而且极富责任感，这种敬业精神是值得我们敬仰和永远学习的。

仁者爱人
——怀念史树青先生

吴占良

2007年11月7日，德高望重、学养深醇的著名学者、文物鉴定家史树青先生过世了，这是不能让人接受的。9月16日，先生尚为保定题写了"中国雄州古玩城"，时谈笑自如，一切安然。恐是误传，匆忙中给先生夫人、儿女打电话，是真的。我木然，不知所措。15日，先生追悼会在八宝山第一告别室举行，我偕贾凤聚、苑涛等同学拜别，呈上了由我执笔的挽联，联语虽不工，却是我们心境的表达。"拳拳忠心书生本色，朗朗丽日君子情怀"，附有边题："恩师史君长先生为人朴实、坦荡，治学严谨，于后学心传手授、循循善诱。每与先生接手，如沐春风。先生卞和献宝之忠心可鉴，仁者爱人之君子高风可仰。先生之归道山，岂止吾辈扪面垂泪可表乎？联中朗朗丽日言先师之天真无私本性也。"

在先生灵前，我们不约而同地行传统大礼，这岂能报先生对我之万一呢？十年来先生对我的恩惠历历在目，不可胜数，相约苑涛写些文字纪念。苑兄已写就，而我还没一字，先生地下有知会责怪我吗？我知先生对后学从来都是奖掖、温厚的。

1997年8月，由河北省博物馆康煜先生联系，保定市收藏协会与北京炎黄艺术馆共同主办"保定市民间藏古代书画作品展"，其间史树青、朱家溍、单国强等专家莅临，全国十数家新闻单位予以报道，展览取得了成功，原计划展十五天，后延期十天。撤展时，艺术馆告诉我："史树青先生来过了，认为展览非常好。说这对研究河北书画史是十分重要的资料，你来后，可去见见他。"史先生是我非常仰慕的长者，当时已经拜读了先生出版的《书画鉴真》，感叹先生的渊博、敬贤。先生与我的师辈魏际昌、周庆基、顾之京、康煜都是非常好的朋友，也经常听他们介绍史先生的情况。先生曾为河北大学征集了许多文物，包括书画、瓷器、唐人写经等。先生能见我，真是受宠若惊。过了几天，我应约到史先生民族大学的宿舍，没想到先生和蔼可亲，娓娓道来，谈到我们的展览，他说："我多年来注意搜集河北的书画史料，曾计划出一本书，曾多次与赵德润、王金科二先生商榷体例，这是我晚年要为河北家乡做的一件事。人们都说北方人是土包子，文化不如南方，我认为这有失偏颇，韩愈、孙奇逢、颜元、纪晓岚、张之洞他们都是河北人，学问都非常好。尤其是张之洞提出的'中学为体，西学为用'，他的思想一直影响到现在，能说北方就比南方差吗？你们这次展览当中的许多作品，如高赓恩、姚寿昌、樊榕、胡长年、刘世衡他们的书画水平都很高，但影响不是非常大，你们这次展出来，我认为是太好了，这是真正的爱家乡、爱传统文化、爱国主义。搞收藏，要量力而行，要多关心、关注乡邦文化，其意义大的不得了。将来我出书的时候，一定把这些作品收集进去，我也收集了许多河北乡贤的书画作品，以后咱们可以多研究、交流。你的鉴赏水平很高，展览中无一张赝品，这是难能可贵的。"先生让我看了他收藏的高中毕业时的《书画纪念册》，签为于非厂题，内中有张鸿来题诗和萧谦中绘山水等。张题诗中即有"书画常教老眼花，年少鉴藏独名家"之句。还说："我老师张鸿来的名字可对一上联于凤至，虽为文字游戏但有趣。"又为我带去的徐浩《不空和尚碑》、柳公权《魏公先庙碑》题签，并问询了魏际昌、周庆基、顾之京的近况，谈话间还与周先生、顾先生通了话，交谈中说了不少赞誉我的话。史先生厚道，有一点让他认同的，他都不会吝啬赞美之词。谈了足足半天，我们走时，先生执意送到电梯口，作揖而别。先生生活简朴，不重衣着修饰，如我在街上见到这么一位先生，可能会认为是一位退休老工人。这之后我与先生建立了深厚的师生之谊。

十年中，先生为我和我的朋友写了无数的字，题了无数的签，做了许许多多的事。我学习书法，爱好鉴藏，每次见面，先生都嘱我要多读书、多动笔，保定是很重要的地方，尤其是从辽代至元代这段时间，尚有大量碑刻文字散落民间，如有机会搜集到，进行整理，这将是对这段历史的大贡献。先生认为我有这方面的素养，我也深感责无旁贷，就开始了这方面的工作。自1997年至今，自费在保定地区进行了较为细致的走访、调查、拓印或是抄录，访得了这时期的经幢、碑刻近百种，许多是周肇祥、陈垣等前辈没有见到的。每有所得，我都会拿到先生处，先生兴奋之馀，总是不厌其烦地为我讲解。他对史料的熟悉，对传统文化的挚情，激励着我继续做下去。先生先后为我的《吴占良书画集》《丁国华试帖试稿》《吴占良艺史丛谈》题签、写序，《刘春霖书法集》《保定佛教金石》亦杀青，本想请先生审稿，为我写序，这已成了不可能，好在《刘春霖书法集》先生已给我题好了书名。我已出版书中的三篇序，都是先生认真核对材料后写成的，可看到先生对我的厚望和鼓励。

先生非常爱才，当发现谁在某方面有所造诣时，一定为他广为推介。2001年，中国书法家协会拟成立鉴定委员会，先生郑重向中国书协写信推荐我。一再说古人讲举贤不避亲，虽然你跟着我学习，一块研究，我推荐你，是认为你有这方面的能力，否则我不会这样的。我至今还在担任着中国书法家协会的鉴定委员，写出了多篇研究地方书画史的论文，并在全国获奖，这其中都浸透着史先生的心血。2002年夏，我把家藏的一本册页请先生鉴定，落款是"韶之夔"，印文是"韶之夔"、"克谐"。我查了许多书,请教了许多人,都不知道作者是谁,没想到先生一翻开,就说:"这是好东西呀!明末清初的陈韶,字克谐,浙江宁波人,此人与谢彬、章声是同时代人,很有名的书画家。我研究书画六十年,还是第一次见到陈韶的作品,宁波应该把它出版。"先生用放大镜看了足足一个小时,并为我题了书签,定名为"陈克谐书画和璧册",嘱我回保定拍照,并裁几张与册页尺寸一样大的纸寄给他,先生要题跋。回保定后,我把照片和纸寄给了先生。先生用精楷小字为册页题了近三百字,并附毛笔书札一纸。我写成文章寄给《中国书画报》发表了,影响很好。先生做学问从不苟且,为题跋查阅了道光本《宁波府志》《画史汇传》等典籍。又过了半年时间,先生把他搜集到的有关陈韶为万斯同作画的新材料寄给了我,先生做学问精益求精的精神,怎不让人敬服呢?

　　2001年,我在保定收集到明末清初王余佑的《竹石图》,去东堂子胡同竹影书屋见先生,先生告我这个王先生就是五公山人,清初他隐居在易县双峰山,与傅山、孙奇逢、魏一鳌等俱是有气节的人,相互砥砺。并找出武昌叶氏旧藏的王余佑稿本让我展观、抚摩,这种与古人对话的机缘,真人生中的幸运、幸福。之后,我与山西著名学者林鹏先生依志书记载到易县五公山双峰村考察,意外中找到了孙奇逢、王余佑曾主讲的双峰书院遗迹,随即写成《发现双峰书院》公布,由此双峰书院引起了有关方面的注意。近闻书院将会在新的文物普查中被定为文保单位。在2007年8月,山西举办傅山诞辰400周年纪念活动,我把王余佑等河北学者与傅山的交游写成论文,引起了与会专家的重视,此实是史先生的点拨、指导之功。

　　众所周知,随着上世纪九十年代后期艺术品价格的高涨,鉴定家们的劳动,大都有了一点收入,我认为是理所应当的,史先生也不例外。记得1997年,先生鉴定一本傅山的书法册页,只收了几百元钱,后这件东西在拍卖会上拍了很高的价。有人说史先生应该多收鉴定费,但先生说：我不是为了收费而鉴定，如果因为我的鉴定而保存了一件古代艺术品，延长了它的寿命，这是多快乐的事。2004年，我的一位朋友收藏了一轴清人的人物画，此画对研究画家的生平有较高的价值，史先生自己掏2000元重新装裱，此为我亲见。史先生天真无邪，如先生购买战国剑并要捐赠一事，被炒得沸沸扬扬，此剑之真假姑且不说，先生本心是要保护文物，使之归属国家。苦恼中先生作诗："越王勾践破吴剑，鸟篆两行字错金。得自冷摊欲献宝，卞和到老是忠心。"古人云诗可言志，此诗就是先生的心志。收藏是为了研究、利用，先生的旧藏，国家需要一定捐，朋友有用一定送。今故宫、国家博物馆、北京大学、莲池书院、内乡县衙博物馆等都有先生的捐赠，启功、顾随、周汝昌、吴晓铃等都有先生的赠送，后学也曾得到过先生的早年画作小品三张。先生之无私、坦荡可鉴，令人景仰。

先生晚年，在韦伯豪购得二手房一处，窗明几净，在此读书、著书，心情很是愉快。为了使二手房见见新，先生告诉我希望装修一下，考虑到先生年迈体衰，为安全起见，我请好友苑涛在北京帮忙粉刷、安装洁具。待整修完毕，苑涛不要费用，但先生不但全额照付，还亲笔写了一幅字以示谢意。装修期间，先生把家里钥匙给了装修工人，非常放心，没有像一般家庭装修结束后马上换钥匙，这是先生对我的信任。环境改变了，经济上也不是很困乏，按说先生应该享享福了，但先生生活依然还是那样朴素，家具为前主人所留，就是所用砚台也仍是多年前在垃圾洞口捡的五元的学生砚。

先生往矣，于我是少了一位良师，少了一位关心体贴的仁者；于学术界，失去了一座重镇。诚如范曾先生挽联所云："博雅驿中西，丛林共仰千秋树；宽仁恃品节，学界长思逸世青"。先生学养之厚，少人企及，如先生挽张伯驹联句："书会忆追陪，不忍重看西晋帖；春游成梦寐，何时更到北梅亭"。先生博雅、宽仁，信先生的风范将愈久弥鲜。

深痛悼念敬爱的史树青老师

我与史老师在交往中的回忆

王敏之

今年11月9日，我在返乡祭祖时，突然接到李忠智会长给我打来的电话：史树青先生在北京病逝了！当时我听到后如晴天霹雳！我对史老的病情和住院治疗一直关切并较灵通。原以为像往常一样不久即会出院，但没想到竟没能闯过这一关！为失去这样一位，既像亲人又是故友、老师的我，悲痛心情难以言表。

当时我即建议要发唁电，除纪晓岚研究会要发（史老是由我介绍的该会顾问）以外，我还要以我个人及全家的名义发一封，当时即拟了电文。当我乘车跑到河间电信局时，答复说已不办电报业务了，只能到沧州。于是又电告李会长请其代劳。但又听说沧州也没了电报业务，结果李会长用"快递"寄到了国家博物馆"史树青先生治丧委员会"。史老师的追悼会我在故乡时即决定与老伴专程去参加，但未能如愿，这对我来说又是个极大的遗憾！

我与史老是在1978年由北京去东陵考察之前认识的，当时先生给我的印象是热情、朴实、和蔼、平易近人，善于交谈。现在已回忆不起当时的情形，但他在途中和在东陵给我留下的印象还很深，在经过一座县城集市时，下车休息，我见他在到处观察，我问他："您想买什么？"这时他乐着对我说："社会调查，社会调查！"我当时即觉得，他是一位很好的老师，应该时时向他学习；在参观东陵中，他不时对我讲解有关东陵的故事，我在细心聆听。此次去东陵，史老是与其夫人（夏玫云教授）和其岳母一起去的，当时我为他们一家足足拍了一卷照片，但遗憾的是，当我在八一电影制片厂冲出胶卷来一看，糟了！全是空白！原因是我太疏忽，胶卷根本没在像机中转动！当我如实向史先生说明时，史先生哈哈一笑，并安慰我说拍照是一种游戏，无所谓。我对此却记忆很深。

我与史先生认识以后，便常在进京时去看他，他曾留我在历史博物馆就餐两次，一次在1980年初，饭后邀我一同去北京美术馆参观齐白石生平画展。在参观时，史先生一直给我讲解白石老人早年与晚年作画的特点和风格。在一幅白石老人的早年画作前，史先生停住了脚步，稍作审视后对我说："这幅不是齐白石的真迹，是仿品。"随后给我讲出了依据。由此我对先生更加尊敬。也是出于我对他的这种敬重，所以在下次与他一同路过胡同里的小吃店时，我打消了我请他就餐的想法，但看的出来，当时史先生是并不在意的，如果是这样，这又是一个遗憾。

在我与史先生的多次接触中感觉到，史先生对我有一种特殊的亲切感。不论是见面后的谈话，或是电话中的交谈，都特别亲切，无有距离。记得有一次（大约在1981年左右）我去先生在中央民族学院的宿舍去看他，告辞后，他和夏老师下楼送我，我一再请他二位留步，他却不肯，一直送我到约二三百米外的西三环路公交车站，才频频招手返回。

也是在那几年，我与老伴给他送去一大箱沧州特产鸭梨，临走时他与夏老师非要留饭，终于被留下来。当时有史先生的岳母、史先生夫妇、还有夏老师的两个在两所名牌大学当教授的哥哥。我当时在想：老太太一家仨教授，女婿又是著名教授级专家，这样的家庭在全国也不多。我能在此家中就餐，自豪感、荣誉感，油然而生。

史先生治学严谨,我曾请他鉴定一块带朱书的汉代墓砖铭文,他指出这是汉代不多见的韵文墓砖,很有研究价值。他认为应由我著文介绍,曾两次让我写文章,但均未顾及;我还请他释读一件西周铜敦的铭文,他立即读出为"鲁子中之子归父为其膳敦"。我也曾想著文探讨"归父"其人,但因忙于其他终未写成,后来被山东一位考古工作者写出发表在《文物春秋》刊物上,我后悔失去了一个首先钻研的机会;有一次我在写一篇文章时,有一个生僻的典故一时查不到出处,当我请教先生时,他为了准确无误,竟陪我在博物馆图书室里查阅了多时,终于找到核实后,才算答复了我;我在当时正在编写《沧州铁狮的综合研究》一书(后更名《狮城探秘》),我想请几位专家撰文收录书中,罗(哲文)老原已应允(后因考察繁忙只写来序言),史老的文章却一直未动笔,罗老曾让我给史老提供资料,我因疏忽未做到。2004年,史老在家中为我主动题写《狮城探秘》书签,写完后问我"敏之,你还有一本书叫什么?"我当时一下没想到他问的是哪一本,史先生提醒我说"铁狮子那本。"我这才想起,老师还在惦记着这本书。他没有写关于沧州铁狮子的文章,估计是由于他对铁狮了解不多,不能轻易下笔。罗老曾在当年给我的信中,评价这本有多位专家撰文的关于沧州铁狮的书是"很有学术价值,较高学术水平的专著,属于国内首创之例。"但现在只有两位专家的文章收在书内,这也不能不说又是一个遗憾。

史老对清代大学者纪晓岚很推崇,我在1986年写了一篇《纪昀的故居与"阅微草堂"》的小文,请先生审改,他看后很高兴,没加改动便立刻写信给北京燕山出版社的《燕都》,推荐发表;1986年我为写书在北京搜集纪氏遗物时,史先生特意为我从历史博物馆借出《阅微草堂砚谱》让我复印,成为后来出版的《纪晓岚遗物丛考》的珍贵资料;2000年,再次进京见到史老时,他正在博物馆忙于鉴定,看到我为纪氏出书而来(其实此次进京是为搜集资料),便不顾工作繁忙（当时正在为二人鉴定字画；还有三人等待鉴定；另有从东北来的电视台记者三人等待采访），立即为我给北京出版社打电话联系出版（出乎我的预料，我没想这时联系出版），并主动对出版社说"不要稿费！"。当对方答复仍不敢接受时，史老又给另一家出版社打电话，当他要找的人不在时，史老让我查电话号码，当要通后，他又接过来向对方介绍我写的关于纪晓岚的书。当对方答应要我去出版社时，史老才算为我松了口气。我不好再多耽误在场的诸位，便急忙退出史老的办公室，这时史老还执意送我到门口，一再嘱咐后匆匆握别；在2004年，史老为我编著的《纪晓岚故居、墨迹、遗物丛考》改名为《纪晓岚遗物丛考》，并立即题写了书签，随后还写了序言，又赋诗题词相赠。在一部书上，由同一位大家题签、题词、作序，三者皆出一人之手是不多见的，这一方面表现了史老对纪氏的敬仰，另一方面也可见对笔者的关爱有加；史老还曾提醒给我，历史博物馆还藏有一幅纪晓岚的对联，执意让我收录到书中，但经联系，几经查找未能找到，结果未能如愿。

在《纪晓岚遗物丛考》这部书出版后，史老很高兴，并多次给予称赞。不止一次在电话中对我说："王先生，你这本书写得太好了，在北京很受欢迎，好多人找我要，连你给我签名的那本都要走了！我已介绍他们到'纪晓岚故居'去买。"后来又来电话要买20册送人，我很快派我在京工作的儿子将书送去。正好儿子早想拜访史老，后来儿子对我说，此次拜访，史老与夏老师兴致很高，并与他交谈了将近两个小时（老师去世时，正值儿子出差鞍山多日，也未能前去吊唁，回来得知后，已专程过府向夏老师表示了慰问，看望了夏老师）。

史老师虽然已是国际知名大家，但从不摆架子，而是非常平易近人，和蔼可亲。在2001年的北京"纪晓岚故居展陈工作专家研讨会"上，有科学院、南开大学等多位专家出席，史老与我并坐，并让我首先发言。我没辜负老师的厚望，我发言约有30多分钟，我认为应该正面介绍纪晓岚的为人及其功绩，不能迎合市俗，误导观众。我的这一建议得到了多数在场专家的认可。后来的布展就是依此思路进行的，获得了观众的好评。

史老师曾应邀到河北师范学院授课，当时我正在学院历史系学习，我去看望，史老特意为我书写了小楷七绝四首；另在京还勉励我多读书，特为我书联"略读书数页，便不愧三餐"，至今仍悬挂在我的书斋，我在时时谨记老师的教诲，每天不忘读书。此外，史老还为我写了斋号"不足不息斋"他老人家赠我的联语，与我的斋号，正好相互呼应。

2001年冬，酝酿成立沧县纪晓岚研究会，我推荐介绍史老师为顾问，便应邀与李忠智、周林华二君一同进京拜会史老师。此次史老欣然应允顾问一事，并应嘱为李、周二位书写条幅，同时题跋墓志拓片，题跋《陀罗尼》经幢残石拓片，为周林华题写印谱书签并题诗。告辞前又与史老合影留念。就这样打扰了约有两个多小时，史老师一直在为我们认真地写，兴致很浓，毫无倦意。

史老师曾两次应邀来沧进行鉴定，我每次都在奉陪，随时随地学习。

老师逝世后，网上惊呼"鉴定国宝的'国宝'走了！"，是啊，在我国的文物界，无疑是一重大损失。故宫博物院的杨伯达、耿宝昌等专家交口称赞老师的学问渊博，记忆惊人，这已是有目共睹的。人所共知的史老师与启功、徐邦达、杨仁恺为四大鉴定权威，史老师的辞世，实在是文物界的一大不幸！

在沧州文物、收藏界，认识史老最早的人，可能就是我；与史老接触较多的人，我也是其中之一；给沧州牵线搭桥的事，我也做了不少。自我感觉，史老与我的关系不同一般。虽然我退休后常因忙于写书，进京看望老师的时候不多，但从未间断信件往来与电话联系，并且保持春节贺卡多年不断。每当我看到史老师贺卡上俊秀的书法，就如同面对那慈祥的面孔，和蔼的态度，朴实无华的一位老者，对后学的奖掖、勉励、提携和鼓励，无形中会为自己增添奋进的力量。但今后再也看不到老师的书法和勉励我的话语了！想到此，不觉热泪盈眶！

有朋友转告我，史老师说我每次都是来去匆匆，未容与我畅谈。没想到这个遗憾永远留在了史老师和我的心中，后悔没多去看望他老人家。

老师虽然走了，但我仍会常常想起您的教诲；对文物要"多看、多摸、多读（书）"，这样才能认识它、了解它、读懂它。我要在我有生之年，继续孜孜以求。

我要永远记住老师的音容笑貌，昨晚我在梦中见到了您，今后我会常在梦中去看望您，史老师！

随后，我将奉上由我主编的《民俗收藏》杂志，明春再奉上您一直惦记的拙著《狮城探秘》，敬请继续教我。

老师晚安！

2007 年 11 月 19 日

回忆史老二、三事

贾文忠

史老是家父青铜器修复专家贾玉波青年时的挚友,解放前在琉璃厂时相识,家父解放后在历史博物馆帮助修复通史陈列所使用的文物,上世纪七十年代我十几岁时每星期六下午没课就到历博办公区去玩,经常见到史先生在办公室里鉴定书画。近三十多年来与史老见面的机会很多,求教麻烦史老的事也很多,现只说二、三事以示对先生逝世一周年的怀念。

其一、1982年笔者在北京朝外一经营工艺品文物店,见到一尺宽二尺长一幅国画,落款"夔盦",我当时觉得此画意境不错就花八毛钱买下了。画的右上方有隶书题款"东篱佳色",行书小字"丁卯十月为闰枝仁兄有道法正",署款"夔盦"。当时请各馆看书画专家看,都没人知到此人,都说是无名人所画。我知到史老对历史人物了如指掌,我即带此小画到史老处请教,画卷展开史老眼前一亮,说:"这可是民国时两个大家,夔庵是蒙古族上层人士,叫贡桑诺尔布,这是他晚年送闰枝即夏孙桐的作品,应是他的绘画精品,你拣了个宝贝!"。

史老评说此画设色淡雅,有干、湿、浓、淡的笔法,墨法所形成的儒雅秀润的格调,用浓墨勾出了几根干枝,以衬托出盛开的菊花,该画描绘了一幅金秋十月的景色,一道竹篱一块石头衬托出九朵初放的秋菊。全画赋于诗情既明清秀润,又古朴天真,形成了整而不浓艳,秀而不柔媚的风格使整幅作品具有传统文人绘画的笔墨韵味,并讲述了画上落款的两位民国人物。

贡桑诺尔布(1871-1931)字乐亭,号夔庵,内蒙古卓索图盟喀喇沁右旗(今昭乌达盟喀喇沁旗)人,1871年(清同治十年)生。清肃亲王妹夫。通蒙、汉、满、藏文字,喜吟咏、善属文、工书法,擅绘画。授头等塔布囊在乾清门行走,御前行走,加辅国公衔。1899年袭扎萨克多罗都梭郡主,邦办卓索图盟盟务。1912年9月任北京政府蒙藏事务局总裁。1913年12月任政治会议议员。1914年5月任蒙藏院总裁,正白旗满洲都统。1922年4月去蒙藏院总裁职。任畅威将军,1925年2月任善后会议会员,8月任国宪起草委员会委员,后任热河省卓索图盟盟长。1931年2月逝世。终年60岁。夏孙桐(1857—1941)字润枝、梅生,晚号润庵,江苏江阴人,1857年(清咸丰7年)生。1892年壬辰科进士。入翰林院为庶吉士,后授翰林院编修,任会典馆编书处总纂,广东主考官,浙江湖州知府,民国成立后,任清史馆总纂,1914年逝世。终年84岁著有《悔龛词》《观所尚斋诗存》等。

其二、1997年人民日报社准备出版《贾氏文物修复之家》一书,书中设计需请当代文博界专家启功、史树青、朱家溍、王世襄等名家题词,我即将此事告知史老,史老说:"人民日报出版社出版《贾氏文物修复之家》我举双手赞成,人民日报出版社功德无量",没几天就写好了题词:"鲁班家世独传经,更有名师得继承。诸子才施博物馆,知君技过宋应星。眼前残件不成器,手到全完旧典型。人道神奇原腐朽,一门工艺总青青。玉波大师身怀绝艺与余论交五十年,有子文超、文熙、文忠三兄弟克绍箕裘,卓然名家誉为贾氏世家,实至名归矣,为题小诗颂之即希教正,丁丑春史树青"。每次看到史老题字都回想起当时的情景，一是家父与史老之间的友情，二是史老对贾氏文物修复之家所取得成绩的肯定和支持。

其三、全形拓，又称立体拓。初始于清末，消失于民国，近五十年来几乎失传。多少文人墨客、金石学家都沉浸在全形拓的乐趣中，但又在叹息全形拓的消亡。金石学发展到达顶峰，人们想窥见到一件别人收藏的青铜器是一件非常难的事。相传清末道光间文人，阮文建公得三代彝器四种，海内金石名家争欲观瞻，文达烦于应付，摹拓刻木，拓赠各友。焦山寺僧六舟和尚感觉木刻有失原形，便与文达研究手拓全形。初是以灯取形，把原器的尺寸量好画出轮廓，再以厚纸做漏子，用极薄六吉棉连纸扑墨拓之，拓前须先用白芨水以笔刷器上，再用湿棉花上纸，待纸干后，以绸包棉花作扑子拓之。这便是六舟和尚首创的全形拓。

全形拓是一种以墨拓作为主要手段，将青铜器的立体形状复制表现在纸面上的特殊传拓技法。其历史发展大致可分为三期：滥觞期、发展期、鼎盛期。每各时期都有其代表人物，陈介祺簠斋专心研究，厚资求工拓为最精。后来周希丁精心钻研全形拓亦臻精妙，并广传其法，门徒傅大卣得其真传。

我于1978年分配到北京市文物局工作，自小喜爱书画篆刻，从此与青铜器结下了解之缘，参加工作后，拜傅大卣先生为师，傅先生将各种传拓技法毫无保留的传授给了我。闲暇之余我也将此技当成嗜好，见到相关器物就传拓下来。后来我又被书法家大康先生收门下，又学到了颖拓技艺。我的全形拓就是集金石传拓和颖拓为一体的一种全新传拓技法，是对传统技法的一个创新。

2005年我将几张作品呈史老观阅，史老在青铜器全形拓上题："文忠先生曾从吾友大康学颖拓、傅大卣学拓全形，此其手拓全形立体拓下真物一等，知此技已少能者，吾见此图叹为观止。二〇〇五年九月史树青题於北京城西畏吾村。"

史老还在不同的场合一再说：贾文忠全形拓下真迹一等，优于民国时期的各家作品，全形拓有极高的艺术价值，是书画与拓片之间新的艺术形式。它所表现的都是历史上的青铜重器。文忠继承和发展了这种传统绝技，而且对我国的文物保护事业作出了杰出的贡献。这一番话是史老对我作品的褒奖也是在激励我将这项传统技艺更好地继承发扬光大。

心地单纯、为人宽厚的长者
——怀念导师史树青先生

胡妍妍

22年前我在南开大学本科毕业,入研究生院,史树青先生是我的导师。在这之前我常常听到他的大名,却从未见过史先生。

记得那是一个炎热的夏天,暑假已经过了大半,我觉得无论如何在开学之前要先和导师在北京见上一面,但心里又非常紧张。为此我还向启功先生讨教如何去见史先生,能不能给我写封推荐信。那时,出门办事比较重视单位介绍信,我竟然把见史先生当成进"衙门"办事了,想起来真是好笑。

到历史博物馆第一次见到史先生,他慈祥的笑脸把我紧张的心情一扫而去。史先生首先问我读过什么书?他说做学问读书是第一的,博览群书,博闻强记,不必把书一字一句地读,但是,要了解作者和书中大意,到解决问题的时候知道去哪里找线索,做学问离不开图书馆。于是,他领我到历史博物馆的图书馆,教我有时间就要到这里来找书看。

在跟随史先生的三年里,我时时体会到史先生是一位知识广博,无书不读的学问家。他的办公室是个开放性的大办公室,历博文物征集组的5、6位专家和助手都在这里办公,天天有各种各样的"宝物"送来,铜器、瓷器、书画、拓片什么都有,史先生经常要面对千奇百怪的问题。开始时我还暗暗为史先生担心，怕他答不上来。可是，这些问题往往都是迎刃而解，或是给发问者一个启发或提供一个线索。1987年12月1日我正在史先生的办公室问学，有人拿来一枚玉璧求教。史先生端详片刻，之后他从"璧"字的训诂、音韵讲起来，周围的人都听得津津有味。助手立即手拓拓片数张，史先生即兴挥笔，题跋道："璧者壁也，肉倍好为璧。东汉画象石所见悬璧皆系于壁间。满城西汉刘胜墓所出毂纹四龙纹璧与此纹同，而略小，盖系于棺壁者。此璧青玉无瑕，殊属罕见，为题唐诗以志眼福：赵氏连城璧，由来天下传，送君还旧府，明月满前川。"我们无不从心里敬佩先生的学问，考古学、文字学、诗词歌赋、文史掌故、天文、地理……他的知识几乎无所不包，精熟于心，又信手拈来，常令闻者茅塞顿开，学有所益。

史先生还常常带我们几个同学去逛书店，一看见书他就爱不释手，"寻书忘岁月，莫笑人蹉跎"，史先生总是笑呵呵地为自己逛大半天书店而由衷地满足。

史先生在东堂子胡同有一间旧平房，先生名之曰"竹影书屋"，是先生藏书的地方。小小的房间，天上地下都塞满了书。史先生常常就挤在书堆里看书，他找书的本领实在高明，说到哪本书，他在书堆里三翻两翻就能找到，可见他对这些书的熟悉程度，也说明这些书他不止读过一遍。

做为南开大学的客座教授，史先生在南开有一份薪水，那时常常是我从学校领来带给史先生。记得第一次把钱交给先生时，他二话没说就上街给我买了一套《辞源》。并对我说：这本书有用，一辈子都得查。现在，每次翻开辞源时，我都会想起史先生这句话。

让我至今记忆犹新的还有先生特别介绍了一本书叫《贩书偶记》，这是近人孙殿起记载清代书目的书籍。孙殿起不是什么大学问家，他在北京琉璃厂经营旧书籍，经手古书不计其数，他非常有心，把四库全书中未录书籍，整理记载，弥补了许多遗漏和空白。史先生特别让我看这本书，是要让我知道做学问需要踏踏实实地日积月累，不积跬步，无以至千里。他总是说在博物馆处处是学问，书是读不完的。他还特别提醒我研究字画更需要多记东西，画家人名至少熟记5000个，凡常见的画家不但记人名，还要记籍贯、字号、室名、师承、著作等等，甚至是祖先三代，后学几十人都要顺带着记住，这是起码的基本功。而他的这番功夫是绝对过硬，可与电脑比试。记得历博那时刚刚接收了小莽苍苍斋主人田家英旧藏的一批明清学者书法。那是田家英在公务之余为研究清史而收集的文物资料，并非好古者常规的收藏方向，因而有许多不很常见的人物书法。在组织整理、鉴定这批书法时，历博还邀请了故宫等处的专家共同研究，大家围坐一堂，你一言，我一语，碰到"生冷"的名字、字号时，大家有时会冷场，常常是史先生打破沉默，脱口而出，我们这些旁听的学生赶紧查书印证，绝大多数都是正确的。

当我快毕业的时候，我忐忑不安地请史先生帮我推荐个工作单位，史先生笑着说皇帝的女儿不愁嫁。让我一心写毕业论文。我感到很惭愧，赶紧埋头读书，完成学业。但心里终归有一些不安。我毕业后，正值各单位紧缩招收新毕业生，而这时史先生却亲自带着我四处联系，跑过许多家单位，为我安排工作。虽然一时没有结果，但我深深的感受到先生的可爱。

每每想起这些，我更觉得史先生是一位学识渊博、心地单纯、为人宽厚的长者，我永远都怀念他。

2008年7月31日

斋主与史树青
——悼史树青师

田国福

2007年11月8日上午，我在办公室刚刚坐下，电话蓦然响起，对方通知我，昨天，11月7日凌晨1时，史老树青因病于北京逝世。当时我被这几句话击懵了，呆呆的站在电话机旁，真不敢相信这个不幸的消息，眼前不断闪烁着史老的音容笑貌，在最后一次见面的时候，史老又一次动情地说有生之年一定要到河间古城去一趟！然而，这个愿望无法实现了，这是史老的遗憾，更是我终生的遗憾。

我与史老相识于"毛诗发祥地考察暨国际研讨会"召开前期，2002年8月6日，由刘栋引荐，在历史博物馆一间书香熠熠的办公室里第一次见到了史老。史老是誉声遐迩的著名学者，享受国务院特殊贡献专家津贴的文物鉴定家，是北大、南开、南京师大等数所大学的兼职教授及研究生导师，在我面前若山峰耸立，但是史老一点儿架子也没有，很热情地同我谈了起来。我发现，史老对我们河间的历史了如指掌，谈到了河间献王，谈到了河间诗经村，谈到了君子馆及"君子砖"的出土情况。并且，对我们河间诗经文化的发掘整理工作极感兴趣，问东问西，不厌其烦。最后，不但在我带去的"君子砖"拓片上题跋，还欣然命笔为我题写了"诗经斋"匾额。同时，史老表示，一定抽时间到河间看看。

史老工作极忙，他不但要为甄选的大量珍贵历史文物做鉴定工作，还要著书立说，除《中国文物精华大全》等十几部论著以外，晚年更是为他的《书画鉴真》等三部精著费尽心血，再加上80多岁高龄的身体又一直不大好，所以当2005年我们筹办诵诗会邀请史老时，史老又因事遗憾的未能前来，但他专门写来了"惠此中国，以介景福"条幅表示祝贺。

在这期间，我又两次专程拜会了史老，当他得知我正在编辑一套四十六册的巨部《诗经版本丛刊》，非常高兴，认真题写了书名，并赠送我《史树青金石拓本题跋选》《鉴宝心得》等数种史老的著作。当时，我又一次邀请史老方便的时候到河间做客，史老答应一定抽时间去，谁知此行竟成永别。

11月15日，我怀着异常沉痛地心情，在北京八宝山参加了史老的遗体告别仪式。鲜花簇簇，挽联列列，其中欧阳中石的"凄风摧大树，苦雨泣青泥"一联最可触痛心弦，真切地表达了我们对史老仙逝的沉重心情。史老把自己的一生全部献给了祖国的文博事业，他丰富的文化底蕴，深厚的学术功诋，严谨的治学态度，挚热的爱国情感，无私的奉献精神，是我们宝贵的财富，值得我们永远学习和发扬。逝者如斯，而先生精神长存！

安息，史老。

缅怀敬爱的史树青先生

骆芃芃

史树青先生的平易近人、和蔼可亲是世人有目共睹的。史先生虽然是中国文物鉴定界的杰出的专家；中国文化领域中的卓越学者、教育家，却以他平实而又质朴的人性博得众多人的敬慕和爱戴，每每想起他时，对他的崇敬便油然而生。

史树青先生生前是我们中国艺术研究院中国篆刻艺术院的顾问。记得2006年中国篆刻艺术院成立前夕，我请史先生出任我们的顾问，史先生非常畅快得同意了，还连连称赞说，篆刻院的成立可是中国篆刻界的一件大好事，今后学习篆刻的学子们在学科和文凭上可有了正式的名目和称谓了。听到史先生的这一席话，我感到倍受鼓舞并且十分欣慰。更让我感受到激励的是，史先生对篆刻院顾问这个称谓非常尽职尽责。自从篆刻院成立以来，我们举办的每次活动，史先生竟然没有一次缺席！不仅如此，在每次会议上他老人家都会十分认真地发言。

史先生，一位家喻户晓的学者，对待他的社会兼职是那样的认真负责；对待他所承诺的事情是那样的严守信用。依史先生的位置，人们往往重视的是他名誉，对他所能履行的职责并没有什么要求。而他却以一个普通人的心态真诚地去面对这一切，严肃认真地去履行他所承诺的每一件事。这也是他之所以能够成为众人仰慕的大家的缘由吧。

2007年9月19日，中国篆刻艺术院举行盛大的周年庆典。史树青先生作为篆刻院的顾问，发表了热情洋溢的讲话，并且为篆刻院的周年华诞题写了意味深长的诗词条幅赠与中国篆刻艺术院。诗中这样写到："秦汉迢迢印派开，问奇载酒客常来。诸君刀法通兵法，布阵实虚任安排。"

万万没有料到，史先生这一次的到场竟成为最后一次出席大活动中的公众露面。那清丽隽永的诗词墨迹竟成为了他的绝笔！那一年他老人家八十五岁了，他那样的支持我们院里的工作，让我感到悲痛欲绝。

一位作家也好，艺术家也好，首先要做好的不是他所从事的专业，而是他的为人。因为一个人在地球上生存，是以人作为载体的，所以要先做好人，然后才是他所从属行业中的专家或名人。史先生就是这样，他一生都是先做仁人，后为学者。他的人格和学养将世代滋养着后人，并成为业界的楷模。

史先生对我的支持和帮助远不止于出任我们院的顾问。早在四五年前史先生就对我十分关心。除了专攻篆刻书法以外，我还研究茶文化。2003年开始，每到春茶下来的时候，我往往会组织一场有对中国传统文化艺术学有专攻人士参加的"春茶品茗笔会"，那几年我也很荣幸地请到史先生出席。令我感动的是，每次史先生都会来参加，而且带着极大的兴趣和很高的热情，他问这问那，对普洱茶也相当有研究。有一年春节，为了弘扬国粹艺术，我组织一场"国服盛装迎春茶话会"，要求来宾都要着上国服盛装，史先生真的专门为此做了一身国服来参加，像个孩童一样的认真，令我敬佩不已。

2004年秋天，我组织了一场"普洱秋韵——古琴演奏会"。史先生不仅到场，还热情扬溢地即兴做了一首诗，全场一片哗然，赞叹史先生出口成章、学识广博。

在和史先生的接触当中,我深深感受到,史先生身上不仅有着大学者、大鉴定家的风范,而且还具有孩子一般的童贞和率真。八十多岁的老人,对新事物饱含激情和热诚,并且爱憎分明。在他的言谈话语中,对谁的褒贬都直言不讳,从不伪装。这样的美德,在史先生如此盛名之下真是难能可贵。

作为杰出的教育家,史先生对年轻人的关爱和推携也是有口皆碑的。在他的口中,往往会听到年轻人多么有才干,年轻人应该得到重用等举荐的话语。最令我难忘的是,九年前,我曾经想考史先生在南开任教的文物鉴定专业研究生。通过朋友的引见,我和史先生通了电话,史先生告诉我,他已不在南开大学招研究生了,但他希望请我吃一餐饭。真是难以置信,我怎么可以这样做呢?朋友对我说,史先生的秉性就是这样真诚。无奈,在朋友的带领下那天中午我拜见了史先生,那是我第一次见到他:一位慈祥、和蔼、面颊总带有微笑而又十分睿智的老人。史先生见到我,执意要带我们去吃饭,我们在他家附近的一家餐馆共进了午餐。就餐中史先生对我说,他已不再招收研究生了。他说我的想法很好,专修篆刻的同时,确实还需要拓展其他领域的知识空间作为互补。他鼓励我去别的院校报考。对于我这样一个素不相识的年轻人,史先生可以拿出自己宝贵的时间、精力甚至是财力来鼓励我、帮助我,如果史先生不是一位对年轻人的成长关怀备至并且乐于助人的人,是绝对不会这样做的。

后来,我考进了北京大学艺术学系,攻读了中国古代艺术品鉴定方向研究生。虽然我没有能够成为史先生的研究生,但史先生身上那高尚的品德、他对人生的态度、他助人为乐的仁爱之心、他治学的精神以及他那渊博宽厚的知识和学养却深深地激励着我,影响着我,使我终身自勉、终身难忘、终身受用。

追忆国宝鉴定大师史树青莅连鉴宝

张锋　彭长贵

　　2007年8月26日至9月4日，著名国宝鉴定大师史树青携夫人夏玫云教授、国家博物馆海国林先生应邀莅临大连。其间得学生张锋、友人周月星、赵成明、段广平、戴虹、彭长贵、武威等先生陪游，共同度过一段令人终生难忘的美好时光。其间花絮，颇值采撷，以供快慰平生，与世人分享。

　　2007年8月26日下午1：30分，随着南航C1604次航班的准时降落，我知道我和史老的第五次见面就要实现了。回想与史老的前几次会面。两次在辽博老馆，和全国书画鉴定小组的巡回鉴定工作有关，那时只是在旁听几位中国书画鉴定界的泰斗们鉴定书画时的发言，偶尔在休息时，听老人们讲一些如烟往事，至今历历在目。只可惜启功老师、刘九庵老师已先后故去。余下的三次与史老相见都是在参加国际学术讨论会上相遇。每次听到史老的发言总能让我肃然起敬。

　　史老是有名的活字典，不论走到那儿，老人总能出人意料地发现些错别字。这一点我已久闻，只是在此行中能亲眼目睹老人在大连富丽华酒店的宴会厅里、在大连上海滩酒店的电梯里发现错别字，真可谓名不虚传。不尽如此，据老人讲，上世纪七十年代，他还在人民大会堂的一次展览上发现了华国锋主席的错别字，当老人向会场的工作人员提出时,吓得他们赶紧躲。老人精于金石、书画、陶瓷等方面的鉴别,又在历史研究方面卓有建树。蓟县独乐寺里观音阁的匾额为李白亲书,就是史老鉴定的。国家博物馆藏的成吉思汗画像、邱逢甲书法立轴都是史老早年发现、购买并捐赠的。用凤凰卫视著名主持人王鲁湘的话讲:"他是国宝中的国宝。"

第一镜头:七十多岁夏玫云老人用轮椅推八十多岁的史树青老。

当我第一眼看到精神矍铄的夏教授健步如飞地推史树青老出现时,大家都惊呆了,我赶紧跑过去接夏老手中的轮椅车,夏老师说:"还是我来推,我推他习惯了。"这一情景着实让在场迎接的所有人都深深感动。史老见我面说的第一句话:"张锋先生我给你淘件宝贝,留个纪念。"这一句话,令我完全没想到,"张锋先生我给你淘件宝贝,留个纪念。"此话一出,我的眼角顿觉湿润,史老刚下飞机就想到给我留个纪念。我在心底里想,我拿什么给史老留个纪念呢?

吃饭时常讲的话:"吃的太好,对不起贫下中农啊!"

陪史老吃饭,真是件惬意的事。不但能吃出文化,听到很多见闻,还能从言谈话语之中,不时地领略鉴宝大师的风采。而与老人交谈,又每每能让你感佩老人文史知识的博大精深。他的机智、幽默、诙谐常能把人们逗得捧腹大笑,同时又让你感到他的历练之深。说到吃,谁也猜不到史老最爱吃的竟是红烧肉,而且是品红烧肉的行家。他能拿几家饭店的红烧肉对比,包括在钓鱼台胡耀邦同志请他吃的红烧肉,毛主席女儿李敏请他吃的红烧肉。他认为红烧肉做的最好的还是毛主席最爱吃的湖南毛家湾做的红烧肉。因此我们在大连期间给史老点了几回红烧肉,史老常问我们,你们点了怎么不吃呀?段总逗乐说:"现在肉可贵着呢!您吃还成,我们要吃对不起贫下中农。"弄得老人哈哈笑。

最爱讲的往事:我是杜聿铭请的教员。

老人说:"解放前,杜聿铭拍蒋介石马屁,在东北沈阳马路湾办中正大学，到北京聘老师，那时我从辅仁大学刚毕业还没工作，就受聘当讲师，没当教授，那时我24岁。在沈阳教一年书，后来，沈阳局势吃紧，我就回北京了。在沈阳的时候，我常去小南门那儿，那儿有几家古玩铺，卖一些清宫散佚的东西，还能见着，一些国民党高官常去那儿淘宝，常能碰到。"后来，解放了，我向组织交待了当过老师的事，没算历史问题。可文革不得了，我还是挨整了。

常提的同学：王光英。

史老讲他和王光英是辅仁大学的同窗，因此关系很好，也认识了王光美，常去他家玩。有人就忌恨。因此，文革的时候，他挨了整。再有是去柳亚子先生家征集文物。史老酷爱金石，柳亚子有方印，印文是："大儿斯大林，小儿毛泽东"。因为是柳亚子的用印，他就带回革博收藏了。文革来了，造反派说他是反革命，诬陷伟大领袖毛主席，是康生批示的，造反派就批斗他，由于他被定成反革命，失去了人身自由。史老跟我们解释说："大儿，小儿的说法出自《汉书 · 弥衡传》。原话是：大儿曹孟德，小儿孙仲谋。柳亚子先生此印：大儿斯大林，小儿毛泽东，是表达敬意的说法，而绝非侮辱毛主席，儿指大丈夫。"由此蒙冤，若史老不说的话，又有谁会了解他的不幸呢。后来，他遇到了夏老师，在逆境中帮助了他，两人走到一起，相敬如宾，他称夫人是"夏老师"，她称史老"史先生"。这一叫，竟叫了半个世纪。夏老师是离休干部，早年曾受她老师影响，参加了新四军，后来才知道她的老师是地下党。

最意外的收获：认了个国防大学弟子。

史老曾受聘国防大学客座教授，常去国防大学讲课。当时周月星副司令就在国防大学读研究生，听过史老的课，回想起来两人都觉快意，周副司令行了师生之礼，史老赠送他的著作《鉴宝心得》，周副司令也将他的著作送给了恩师。可巧的是，周副司令的爱人是河北乐亭人，和史老是同乡，老家相距不足十里，史老说他老家地方不大，可出个将军沈阳军区副司令员佟宝存中将他还是刚刚知道。周副司令说您老也是村里出的大名人啊！知名度更高。史老笑着说他是全国政协常委，我才是委员，又打趣说你这个乐亭女婿可不赖，你们蛮般配。

最爱去的地方：古玩市场、古玩商店。

在连数日，史老常要求去古玩市场看看，夏老师说他是文化部文化市场艺术品评估委员会的特聘主任，需要了解市场情况。于是我们就去了华宫，可一进华宫等古玩市场，我们这些随行人员就发现问题来了。史老下车就被人认了出来，不到5分钟整个市场的人就全知道了，要求签名的，要求照相的，拿文物来要求鉴定的，拿着假冒史老鉴定证书要求看真假的，拿史老假字要求认定的，看热闹的把我们围的里三层，外三层，简直是水泄不通，问候声不绝于耳。看到这个场面，我想史老很难发现什么了。就独自一人，在市场里走了走，不想竟发现了商务印书馆编的《二十五史补编》，就赶快买了下来；我还在市场里意外发现了一件当时我认为是清早期的漆器；珠山制瓷名家邓碧珊作于民国九年的印花鱼纹笔筒，一件清光绪时期的浅绛山水镇纸。中午吃饭的时候，史老问大家都有什么收获？我先拿出漆盒请史老鉴定，他说是明代的，清代没有生产，并说这件东西王世襄得了不得了，还告诉我给故宫博物院吧！展览用得上。我又拿出商务印书馆编的《二十五史补编》，老人连声说："这个好，这个好，你能买这东西，说明你学问不得了。"我说："史老过讲了。"史老说："不过讲，我给你题几个字。"遂命笔，写下"2007年9月2日，张锋同志于大连旧书市场购得商务印书馆编《二十五史补编》幸福不浅矣"。晚上，我的朋友从沈阳赶来，拿了一件清人华胥的作品。朋友告诉我，在沈阳时，某博物馆曾举办鉴宝活动，他就让他的司机拿画去鉴定，接待的人告诉他的画是假的，只值一万元，问他的司机卖不卖。他想反正不等钱用，就没卖。后来通过关系,他找到我,让我鉴定,我首先告诉他,他的画是华胥真迹,此人是清乾隆时期无锡人,画法属李公麟传派,价值按目前的市场价格应过百万。他听了将信将疑,我告诉他将来有大鉴定家来,你可对比一下鉴定结果,看我鉴定的对不对。此次他全家连孙子都抱来了,就想看看这家传宝贝,到底值多少钱,当史老告知他的画是真迹,至少值200万时,他高兴极了,对我连声称谢。史老还在卷尾给他写了一段题跋。另一位朋友也拿了件从英国买回的《罗汉图》请史老鉴定,史老鉴定的结果是明人作品,真迹并题跋。

我的恩师是启功。

史老说:"我在辅仁大学时,启功先生是我的老师,常给我们上课,后来工作了,又和他老人家在一起工作,真是三生有缘。我当国家文物鉴定委员会副主任就是启老提名的。启老对我有恩呢。"和史老在一起的时候,我们常谈起启老。当谈到启老离世时,我在《沈阳日报》上写了一篇长文,回忆与启老相处的日子,以及启老对我的点拨和赠书之恩,真是百感交集。史老说启老一走,找像他那样人品好、学问好的人难了。

最想见的人:杨仁恺。

原本这一次史老在连休养结束后,我们一行是要来沈阳的,史老说:"听说杨老病了,要去沈阳看一看杨老,相交几十年了,越是到老越想念。"我说:"您能去,杨老一定会很高兴。"史老强调说:"我和沈阳有缘啊!年轻时在那儿工作过。沈阳人直爽,好交。"我说:"只要您身体允许,我会尽量安排。"后来,史老自己感觉身体不允许了,没来成沈阳,没见到杨老,终成憾事!

大连市委副书记里增瑞来访

得知大连市委副书记里增瑞来访已是史老离开大连的当日,里书记进门便说"您老微服私访,来大连数日,我们还不知晓,您应该通知我们一声。"史老说:"达沃斯要开,你们忙的很,就没想给政府添麻烦。"里书记说"这您老见外了。大连欢迎您老在这多留几日。"接着里书记向史老介绍大连的新变化。史老说这几日都看到了，大连人很了不起，我在沈阳教书那会儿，大连被俄国人占领，毛主席去苏联一趟，很好，把旅大要了回来，很了不起。不然的话，我们现在要来旅大是不可能的，毛主席对大连人有功啊。

我与史老谈鉴定问题。

史老是鉴定大家，与他谈鉴定问题可谓是我在连期间每晚的夜课。而在史老身边看他鉴宝更是难得的学习最佳时机。记得徐邦达先生在鉴定界有"徐半尺"之称，这次我却发现史老也有半尺之功，朋友拿来的华胥白描人物手卷，史老刚打开半尺，就说前边的引首是袁励隼题的，等打开一看，果真不爽。观摩作品时，史老向我讲他鉴画三得，"1、鉴画要先定画题。画家画的什么内容？一定要有了解，画题往往具有很强的时代性，这是鉴定书画工作的基本功。画题定好了鉴定工作才可进行下一步。2、评真假优劣。首先看是否为真迹，还是仿本、造本。这是关键的一步，很多功夫不到的人搞鉴定，常弄得真假不分，是非不明，稀里糊涂，结果是害人害己，乾隆皇帝就常犯这种毛病。他说只有知真才能辨假，这就比如见熟人，一听声音就知是不是，鉴定工作也一样，关键是真迹在大脑里的堆积是否够量，才能看这人是否能从事鉴定工作。3、鉴定要有历史知识。历史知识是决定鉴定是否准确的基石，先学好历史知识再搞鉴定是磨刀不误砍柴功。很多造假的人历史知识都比较欠缺，故而常露马脚。启老（启功）是这方面的行家，他的鉴定功力常在这方面得到体现。史老还讲平生能记得住的画家有三千人，现在还常看《画史汇要》。

鉴宝、捡宝、捐宝是史树青老人一辈子最爱干的事，他乐此不疲。他的事迹也常被人津津乐道。每当看见宝贝在他眼前闪过时，他的眼睛就像扫描仪一样，不会漏掉任何细节，鉴定时老人的眼睛是放光的，很精神，86岁高龄的老人精力如此十足，真让人感佩。我和史老说："真可惜，我住沈阳，您住北京，我若在北京会常去讨教。"他乐了，说"我还真爱和你聊。临走的那天，"老人告诉我们到北京一定到他家去玩，他要拿他的收藏给我们看，老人进安检门时，特地让服务员把他的轮椅转过来，向我们送行的人挥着手，许久地停留在半空，我们的心更是依依不舍，心想"他真的是最可爱的老人，真的是最慈祥的老人，真的是最诙谐的老人，同时他也真的是最令人敬佩的老人，他是我们中国人心中的国宝——史树青"。老人从大连走时，我们还相约2008年开春时在沈阳见。可谁想2007年11月7日，史老安详地走了，这是我始料未及的。尽管我知道老人的身体不是很好，但没想到他能走得那么快！因为我们刚刚相别还不到三个月。三个月前我们在大连时，他是那样的开朗活泼、充满活力，给我们留下极深刻的印象。今天，史老溘然长逝了；他的离去给中国鉴定界带来的损失是无可替代、无法填补的。老人走了，但给我们留下了一笔宝贵的精神财富，那就是孜孜以求的探索精神、甘于奉献的雷锋精神和无所畏惧的求是精神，这是老人和我相处的岁月里，给我留下的永恒的心印。

2007年9月7日

风雨感别魂　幽香到晚清
——怀念鉴定大师史树青

王健

　　那天晚上，朋友打电话告诉我，史老已驾鹤西去。真是晴天霹雳，一个月前他老人家还应我朋友之邀到大连考查，如今是天上人间，幽人独立，一片苍茫。我怔了很久，走到窗前，不知怎的，鲜花似敞开它芳香幽暗的通道，伴着我的心缩成了一滴泪，那些落花和流水，以及抓不住的风，就像他平时一次简单的呼吸或一次简单的迁居，送他回到了那个最熟悉的四合院，让安然地睡去。我真不知道这夜有多深，经由他证明给我们的黎明是这样的遥远。而他，我们总是打不开比一页纸更苍白的那一夜，只有月光和流水，含混着比深渊还要黑暗和宁静的痛，而之于我们这些孤独的醒者，尚活在被回忆修补的灯前。

　　大师的灵魂正向星辰聚拢，那里容得下整个世界。那条灿烂的银河上，文昌星正邀他为客。沧桑过后的休息，终因异常繁茂的桂花及月亮的味道，使他安详地定居下来。由此我想，生活有时是无望的，也是不可回避的。在我们居住的尘世上，每个弟子所点亮的一盏灯，都是对大师的祈祷，而这微弱的光芒能否照亮与大师的天路之遥呢？如果我把对大师的怀念限制或压缩到一个最小的可能性词语上，他就像我收藏生涯中的一扇窗，一把钥匙，一道光明，现在这些都化作一个瞬间，一粒微尘，一种摧残，只能回忆时看见，展望中听见他的笑貌音容。这是岁月的疏忽，也是上帝的过错。如果我们能超越客观世界的维度，以更浩大的决心贴近他老人家那个温热的期望和嘱托，这种非存在的存在，就会重新充满一种神灵般的力量，就会随缘自得地用心灵体味自然生命景象和宇宙人生，自觉地将自身和宇宙大生命合流在一起，使得我们在更高的途径上，很好地纪念他，缅怀他，从这一代大师的里程碑上，补充些大文化意义上的精湛和尊严，以追求生命的大度、本真和超迈。

史老是辅仁大学陈垣校长的高足，在其生命人格的建树上，人生、历史、文化、传承、责任等，经历了岁月中的砥砺研磨，迸发着他高洁精神的焰火流苏。这种非个人化的存在深度，是他学问与人格的统合。200多万件艺术品在他眼前"滤过"，无数个价值连城的文物在他手中"筛过"。因为有他，我们就可能复原一段发展的、本真的、完整的大历史认识，走进一个文博研究的新的系统和性质，走进一个不可重复的经典鉴定范式，走进历史和文物鉴定学下的一个真正的"孤本"。他与启功、徐邦达、杨仁恺等并称为中国四大权威鉴定专家。半个多世纪的文博工作经验，很少有人能走出他知识的容纳，他的存在就是一种象征，一种资格，一种财富，一种权威。生命是时间，但时间未必是生命。有一次，他在鉴定瓷器时对我说出了一个普通的人生哲理：风格必须恰当，器物也是有"气质"的，它反映了时代审美和制造者的性格。粗俗过分和文雅过量都不可取。富含铁遇氧而呈红色，富含铜遇氧而呈蓝色。现在回想起来，又何尝不是喻意大师的人生呢？他将所热爱的文博工作，普及成了一种历史学和人类学关乎我们生存状况的社会、政治、经济、人文、科学、哲学、风俗等知识形态，在一个追求悠久历史文化的国度里，他的每一个发现都是依照他的博学来消化历史的。应该说，他在鉴定文物上，没有受到某种特定的教育，而是靠一种漫长的、递变的古玩市场的实战磨炼，炼就了一双"火眼金睛"。否则，他的天才和灵敏的感受力就不会发挥得这样淋漓尽致。可以说，文物和鉴赏，始终是他的一种热爱，一种享受，就像西腊神话中的安泰一样，"当他的脚接触大地母亲时，他永久是不可战胜的坚强。"不错，人只要生活在理想的崇高领域里，一切会变得伟大起来。一个负责任的历史学家，如果对现代负责任的话，他一定不会受世事变幻的摆布，他会以人们称之为品格的那种"固执"，全力以赴地为后人留下高尚的情感、高尚的行为和高尚的著作。而平时我们又有多少人能在司空见惯的生活中，去专注某一个细节呢？这一点，史老曾为我举了一个例子。那是1951年"五一"劳动节，他在华北大民革命大学学习时，接到通知要参加大游行，要求游行队伍在西直门外集合，然后到天安门开会，就在集合处，他意外地发现了一个饮食摊上用的是明代青花大盘盛放着凉粉，经与好友王世襄仔细辨认，确定为真品，于是便以合现在5元的价格买下了此盘，就这样，他们俩人一边游行，一边交替地捧着盘子，路人见了，好不奇怪。最后将此盘捐赠给了故宫博物院。在那个精神价值高于物质价值的年代，他所坚守的是人的本性之中的大善与大爱，是道德的力量、文化的力量，覆盖了无知和愚昧，真正的大家正是以渊博的知识方式，来表达对历史及文物独特的理解和发现的。

  收藏到底是一种实现其它目的的手段，还是本身就是一种目的呢？急功近利者希望收藏成为作用于现实的手段，而绝不会看到让收藏发挥作为手段的作用。依我看，他如同散步，散步的手段性会蕴含在散步的目的性中，散步之所以成为一种目的，是因为各种有益的效果存在于散步的这种方式之中。因为此理，收藏便是手段与目的性的统一。往小了说，收藏可以提升审美情趣，陶冶情操，使收藏品升值。往大了说，收藏可以尊重文化，推进艺术发展，甚至还可以有爱国之举。史老的收藏是属于民族的和国家的，他的收藏理念中这个踏实的栖所，是他忠诚于祖国的终极追寻，是感恩和浩大的情怀所造就出的一种简洁。有一次，我到他家里坐客，他谈起了1959年中国历史博物馆落成时，因毛主席赞扬海瑞的一段话，全国出现了"海瑞热"。在博物馆征集作品时，他捐出了海瑞的一幅行书"大学中庸平治天下"，同时捐赠的还有梁思成，捐赠的"长卷"是他和林徽因女士结婚时梁启超先生送的纪念品，并附有梁启超的题跋。可万没想到，经专家鉴定，只有史老捐的那幅是真迹，最后留在了博物馆。由此可见，史老收藏的功力，是与这些文物通融合一的，甚至达到了相互感应的效果。他的眼学是发生在持久经验深处和历史同步上的伸展和丰富，是站在学问高度把文博事业与个人品格之间所搭建的一种补充和成熟桥梁。所以，人们称他为鉴定"国宝"的"国宝"，是因为他惊人的鉴赏能力常常会发生和创造始料不及的奇迹，他的博学已与现实和历史构成了某种意义的存在关系。

我在向大师求教如何才能提高书画鉴赏能力时，他常常说："年青人热爱文物这行不容易，要肯吃苦，不怕难。首要一点要多读书，勤思考，书画鉴定起码的基本功是至少要记住几千个书画家的名字，还有他们的关系网，必须清楚，理出脉络，心中有数，必要时才去查词典。我主张文物鉴定要'三结合'，即文物与文献相结合，传世文物与出土文物相结合，眼学与科学相结合。"史老是站在一生的经验之巅，将对晚辈的关怀、培养引介到了学问学理的纵深之处，他似一个知识的"活泉"，重而为雾，浮而为霭，散而为气，淙淙流淌在我的知识结构里。我在向大师的多次求教中，深感"百炼钢化为绕指柔"是史老文物鉴定的至高境界。他建构了鉴定学中所应有的丰富和精细，怀揣着学问这个巨大的理性"太阳"，在他眼里一切都是那么的炽热，始终保持并挖掘着文物和艺术品"活着"本身所包含的情感原状。一次，我有幸聆听史老鉴定一幅陈少梅画作，他老人家被画面上的颐和园景色所打动，并为其精湛的画技所吸引，他连声说:"这是陈少梅的一幅精品之作。"并详细介绍了陈少梅在近代画史上的地位、流派和风格。他拿起放大镜,仔细审视画面中的两个人物,从着装上认定是50年代的作品,他说:"陈少梅先生是'津派国画'的领军人物,其作品既重视承袭传统,又能自出机杼,博采众长,兼收并蓄,是个很有气度的画家。他之所以自成一家,是因为兼融了南北两宗画派的优点,加之他绘画中的思想涵养,使他笔下的山水、人物达到最了解,最熟悉山水,以及几代风俗的程度。他能够透过景物来透视景色,使整个画面的气氛和调子相融洽,浑然一体,天工巧成。"史老的精辟见解,使在场的人无不叹服。最后,他出于对陈少梅本人及作品的厚爱和理解,提笔写下了很长的一段题识。我在向史老求教鉴定陆俨少作品时,他的一席话别开生面而且切中要害:"陆俨少先生的画,总体来讲是气势雄浑博大,云法、水法别具一格,笔墨和章法富于创新。他的早期作品缜密婉秀,中期作品略显疏散,后期作品沉着透辟。他的笔阵由一个个小单元组成,在聚散和浓淡间经匠心安排,使整个画面血脉相通,精气相贯,四面呼应,同中求异。作品山势雄险,方向同一。由于风格的形成,大部分作品却显得程式单一。"史老一面说着,一面拿放大镜指着他正在鉴定的一幅《浙东云海图》说:"他的云法是弧形带圆,水法是弧形带扁,在其独特线条的组合中,使峰峦因云气而流动。他对画面中点的铺陈,主要是以回环盘旋之势,如树和点苔等是呈S型结构的。同时,他的笔墨粗中有简,云水因势相值。这些特点构成了"陆家云水"在中国画坛的历史地位。"史老对陆俨少作品风格的熟知和精辟的概括,他对画家笔性的深刻理解和掌握,使我由衷地产生一种深深的敬佩之情,他无愧于我国文博界鉴赏大家的地位。另外,齐白石、张大千、徐悲鸿、陆俨少、陈少梅、傅抱石、李可染、潘天寿、李苦禅、吴昌硕、宋文治、关山月、吴湖帆、陈之佛、陈半丁、钱松嵒、黄胄、溥儒、溥佐、启功、吴青霞、吴冠中等,这些闪亮于中国画坛的巨星，史老在书画鉴定中，从他们的时代风格、个人风格，以及名款、题跋、印章、鉴藏印、纸绢、装潢、著录等辅助依据的知识方面，都赐与了我莫大的教诲，使我永志难忘。

  我们说，伟大的艺术鉴赏和科学观念的理解，都需要智慧。史树青找到了二者不可分割的最佳结合点，作为一代鉴定大师，凭着其崇高的精神伟力和文化上造诣绝学，他完美并靓丽地完成了对历史和艺术的双重超越，我们应该铭记他对国家和人民的贡献。

风松雪竹　气清骨秀
——我心目中的史君长先生并其书学书艺

刘学青

　　史君长先生以著名的学者、史学家和文物鉴定家而享誉海内外，并以诗词、文献学、古器物学、考古学、博物馆学等卓著成就嘉惠士林，可是，这并不能掩却他对书学书艺的独特贡献。是的，先生走了，但墨宝却历历如新，敬读至再，难禁凄黯。信精神接手，感念不已，其人品、学养讵可令人感动于一时？

　　我拜识先生时间较早，由于身处僻地等客观原因仅是数度缘面、间或偶有鸿雁往来。可是灵犀相通又非外因所能度测，故谨就书法学习这个侧面，谈点门墙之外曾经向先生谒教的体会和看法。由于自己学识浅陋，对先生的见解和感受难免浮浅、欠妥。诸此，悉请方家批评指正。

　　刘熙载曾谓：书尚"清厚"，本于"心行"。道与德是中国艺术的潜质和要求。中华民族传统的文化哲学和艺术精神，既重视情感表现，亦重视个人人格的实现与完善，故"书以人重"理所当然。之不过其所重之对象，应是知书者和善书者。这就是史先生给我的见识或启迪。

　　1992年9月，先生应邀观看了我在中国历史博物馆（现为中国国家博物馆）举办的书法展览。很可惜，当时我因为送迟浩田、杜义德将军离场,因上下楼梯非一之故而未能当场垂听先生的批评教正。后来我的夫人给我仔细传达了他逐一过目作品时的意见:大到作品气息,小到题款用印,直言不讳而非常难得。当时我曾担心,京华高人多,展品能让人驻足片刻也算可以了;不料得到在京不少专家与观众那么多赞扬与批评。史先生能拔冗观看此展,并提出不少的意见,使帮助我组织展览的博物馆领导同志也感到惊喜。心诚则灵,当时36岁的我首次赴京举办个展,有此收获即可喜出望外了。先生离开展厅时,还主动为签名册题了笺。我与先生的善缘即由此开始。此展结束离京前,我认真地回拜了先生以致谢忱。他对我鼓励有加,并说魏启后先生是他的学长,让我代致问候。谈话间,他还针对我展品中写有《书谱》语录的一幅条幅,问道:"你知道伯英、元常这两人的姓名吗?"待我一一答出这二人的生长年代和姓名,先生抿着嘴满意地点点头。之后,他围绕书法学问的重要性嘱咐了一番。在我向先生的求教中,突出印象是:他开口就是学问,话语中随时闪现着书法文化的知识点。我曾经想过,我与史先生交往的重要性只能是在对书法文化笃诚的向往上,能感受到先生流露的那种书法的人文气息的熏陶,足矣。同时,每次谒教总让我在获得知识的同时,感到先生在为人处世方面所表现的虚怀若谷的胸怀、操守。他最厌薄的是:弄虚作假、不懂装懂和披着做学问的外衣而沽名钓誉的人。我亲见过先生指责的人和事,也亲见他拒邀过包括对书法文化不持重在内的开幕式、研讨会之类的活动。我体会,先生恪守儒家"有教无类"的理念,却十分在意一个人的"劳动态度"端正与否。一次,他给香港的几位同学授课,取出沈从文先生的后代给他的一封信作为示范,讲道:"即使书札,行文、写字都要讲究。"就此,使我愈加相信浪漫不是随便、文人不能无行需从日常做起的辞旨。每次谒教先生对我都很偏爱。2001年5月,我将临写的"馆本十七帖"和《寒切帖》请他过目,他竟十分感慨地说:"你写到了什么水平我且不说,我就看像你这样用功的人真是太少啦、太少啦！"不久，他为我通临的"十七帖"题了跋语。在此之前，他还应我友人之请，为我给友人写一帧唐宋杂诗册页题写了书签。先生赐教还有一个特点，他会从某一个具体问题发散开来告知一些相关的学问和知识。而且，有时他还会在不经意中突然提出问题考量你，即便如此，也让我感到如坐春风如沐春雨。可是先生对有的问题却是非分明、丝毫不含糊的。一次，向他谒教时，我直言讨问"您最信奉的人生格言是什么？"先生不假思索地回答道："苟利国家生死已，岂因祸福避趋之。"我当时望着先生，他的神情是那么地自然，自然得似乎在说："这个问题很简单，还用问吗？"他用林则徐这十四个字来表达自己的人生信念，如果熟悉先生毕生为捍卫民族文化尊严的非凡业绩，回味一下他高尚、纯洁的文化精神，这实在是他作为一个正直的、忠贞的爱国主义者，有学术道义极富积极向上意义的老一辈知识分子品节操守的真实写照。所以，著名学者、红学家、书法家周汝昌先生，慨然秉书挽曰："索余题句助我研红二匣琅嬛传秘笈，为国献言同君议政古珍今宝见诚衷。"信此决非虚誉也。

正直的人生态度与"修辞立其诚"的行为实践并行不悖。先生执著的人生态度也鲜明地反映在他的文化立场和学术良心上。众所周知，因为一幅张大千画作的真假曾经使谢稚柳、徐邦达这两位鉴定大家的意见相左，后请史先生过目而一决其断，遂了却鉴定界的一桩公案。再则，一九六五年围绕《兰亭序》真伪问题，形成了以郭沫若先生与高二适先生为代表的两个观点的学术论辩。尽管这一"论辩"被后来有的学者披露为"别有渊源"（见中华书局2000年7月版《启功学术思想研讨集》中冯其庸先生一文）。可是在当时背景下，借此所表现的学子之心及其学术能力大都是值得尊敬的。时隔三十八年，先生在《二十世纪书法经典·郭沫若》（书法集）一书序文中仍坚持认为，郭沫若先生"在《兰亭序》的讨论中，认为由于南京王谢墓志的出土，进一步否定了王羲之《兰亭序》的可能性，指出今所见《兰亭序》无晋人书法风度，这种见解是在比较鉴定学的基础上得出的，是郭老对书法史研究的一大卓见"。并坦言："我对郭老这种见解完全赞同，并有文章发表，至于当时有些同志提出了不同的看法，完全是正常的现象。"比较言之，亦有当初与郭沫若先生持相同观点的学者因时过境迁却避讳于此，在这一点上即不及史先生来得磊落、慷慨而无私。撇开《兰亭序》是否系王羲之所为的问题，史先生当时所撰写的《从〈萧翼赚兰亭图〉谈到〈兰亭序〉》确是一篇"小题大做"的匠心之作，角度新颖，考证详实，逻辑上周正圆融，实为一家之言。其治学之严谨于此可见一斑。在学术研究上坚持"从不疑处求疑"的思想方法是值得敬重和效法的。我个人认为，与其说史先生"完全赞同"郭氏的"见解"，倒不如说他借书学研究支持了一种文化探索的精神。出于对发生在 20 世纪 60 年代这一学术事件参与者的钦佩与敬重，我曾经在一篇文章中陈述道："兰亭论辩的双方，虽然在 20 世纪的书学史上 不应小觑，但至今仍然应是'有比无好'不便定论的客观存在"。"它的文化学意义大于其讨论兰亭真伪的问题。换言之，即它的客观价值高于其主体价值，而主体价值的切入点，应从郭老的文化遭际切入。否则，无从谈论它的客观价值"。在那样的时代背景下，那一辈学人只有借此体现对民族文化命运的关怀和牵挂。在今天看来，"兰亭论辩"或许不无"棒叩于此而声响于彼"的赤子之心罢。创新需要继承，继承包孕着创新，"论辩"细节上的是非真假、个人方面的成败得失统属盆盆罐罐，均应置若罔闻。对比当下的文坛艺界，因急功近利有悖于实践客观规律甚或背道弃义者，已使我国各项社会建设中的文化建设沦为弱势领域，其境已是濒临"断裂"丞待抢救。道义需要铁肩。史公君长先生与此堪称师表。

上世纪 80 年代后，我国形成了持续高涨的"书法热"，随之而来的，普及与提高便被有识之士纳入对书法文化可持续发展的思考之中。先生以他深湛的文化学养和特殊的学术身份，为复兴我国当代书法事业做了两件建设性的事情。一是两次接受中国书协有关方面领导同志邀请，口述笔谈书画题跋的重要性，并结合书法艺术的创作和出版现状针砭时弊，向社会建言献策。他曾尖锐地指出："在书画界'书画题跋'这一课要重开"，否则"就是忽略了对文化传统的继承"（见《学界名家谈书法》，荣宝斋出版社1994年版）。二是作为我国首批书法博士毕业论文答辩的专家组成员，参与了包括欧阳中石先生在内的三人专家答辨活动。这两件事，之与史先生自己而言，可能是他无数社会学术活动中的聊且之举，但对引导提升当代书法艺术创作的文化含量的观念意识，却注入了新的激素。知微见著，我相信，历史不会淡忘他对繁荣和提高新时期书法文化事业所给予的弥足珍贵的奉献。

  先生的为人，一如其深入浅出、既平且实的文风，使我获益良多，回忆起来真不知从何说起。这里略举几例。1992年以后，偶有机缘我便赴京向先生谒教。求请他的访客甚多，但他对我却很厚待。先生解困释疑要言不繁，往往于三言两语之间便让我茅塞顿开，譬如他对碑与帖的阐释："帖是横的，碑是竖的，临习所用统称为帖，俗称尚可，但不宜混淆二者的关系。"举重若轻、又非常朴素。这种从物质形态厘定的概念内涵，极有助于书法研究的比较分析。我倾半年之功写的一篇论文，是他直接向《中国书法》编辑部的领导同志当面推荐而发表的。之前，我奉寄先生征求意见时，据工作在他身边的学兄海国林先生后来介绍说，先生接到打印文稿后先让身边的碑帖鉴定专家和书学研究者审阅把关，最后他自己拔冗审阅。该文发表后，我立即通过电话向先生禀报此情，他谦逊地说："别感谢我，还是这篇论文写的好。"他非常欣慰，还溢于言表地说："这篇论文考证详实，简直无懈可击，如果能在《文物》和《考古》杂志上发表更好！"大约是1999年春夏之际，我把一幅四尺中堂的草书习作呈请先生指教。刚打开作品，他脱口而言，其意大致二点：一、字势笔态，像魏启后先生、又像沈鹏先生；二、行距疏松、失度。我当时暗自叹服：

先生是鉴定考古上的大家,但对时贤的创作风格却那么熟悉而敏感,真是"不薄今人爱古人","眼学"之功仅此亦可为一端者也。说真的,魏先生、沈先生和史先生都是我心仪的老师,这三位先生的书法各有特点、各具自家风度,但也有共性的方面;可是我从来没有对临过。睹迹师心,先生们的影响自然奔扑到自己的笔下,恐怕也是客观存在的一个过程。史先生慧眼。那时,他的意见让我警醒,我在学习古人方面虽下过一定功夫,但在消化吸收古人、形成自我面貌方面仍然存在较大的差距;字面上愈像这两位先生其实离他们越远,这既是史先生的意思,也应该是沈先生、魏先生垂教于我的期望。当时,先生向我推荐容庚先生《丛帖目》一书,并从他当时随身携带的提包里取出北京大学、香港中文大学正在北大图书馆联合举办的《中国历代碑帖拓本展》给他本人的特邀函,让我持此去北大;并认真地嘱咐道:"机会难得,你这次来京一定要去看看。"殷切之情历历在目。先生在对我有限的几次当面示教中,除了常识性的东西他会提醒你不应该忽视什么,一旦牵涉探究性的问题总是以启发式的商量口吻娓娓道来,谦逊和蔼、毫无骄矜之态,让人享之怡然;但是有一次先生真的动了脾气。即 2001 年 11 月 24 日上午,在北京炎黄艺术馆我陪同先生出席新加坡藉华裔女画家车澄霖先生画展开幕式之前,在观看展品交谈中,他问我有何感觉时,我回禀先生引证看法时,不经意地直呼了"启功"的大名,他的视线从展橱很快地转向我,郑重地说"你、我都不能直呼启功其名,要称'启元白、启元白先生',知道吗!"这么一问,使当时毫无心理准备的我,害怕了;然后我只能十分恭敬地低语奉答:"史先生,我知道了。"由此可见,史先生对无论什么事情一旦牵涉原则问题所持的一贯态度。也是这天上午,他送走启元白先生,在我的邀请下,与先生和他的老同学王光美先生一起拍了一张合影。之后,他轻声地对我说中午陪他一起出席宴会。在物是人非的现实环境面前,有的批评的确是批评者利用受众在表现他的矜持与傲慢,即滥用话语权的现象已不鲜见。先生的批评,却是使我于今于后能够得到举一反三教益的"棒喝"。文化人的教养与雅驯往往来自于小节表现。当然,此谓小节表现不是形式主义的面具和装腔作势的那套玩艺儿,而是文质彬彬意义要求下的诚恳、自然与朴实的言与行。所以,先生对有的问题的认真,迥非是囿于具体事物的计较、而是强调或坚守的义不容辞的那份责任、那种精神。

同是这次活动,还有两个细节也深深地触动了我:这个展览的请柬上,赫然印着"敦请北京师范大学教授启功、中国历史博物馆研究员史树青出席开幕式剪彩"的字样。开幕式剪彩之前,文化部和北京师范大学的领导、新加坡驻华大使多次推让史先生与启元白先生一起站在主席台中间,史先生却一再惋拒之,道:"启先生在那里,我站在这里就行。"于是执意站在主席台的最边上。一般人以为以学术界和社会对他的拥戴,在这个开幕式上他是可以与启先生并肩而立的,可是他不,即便在这种场合他仍然以此对自己的老师示敬。这是规矩。对有的人来说,可能目之为"迂",之与君子当为知礼。此一。其二是,先生在开幕式的发言中,在肯定车先生的创作成果和水平时,引证了我的看法,说她的作品气息"不 hua",这一是指用笔不滑,笔墨沉实而灵动,另一个"hua"是不哗众取宠的不"哗"。这使得出席开幕式的观众目光,一时间向我簇拥而来……。由此可见,先生只要发现后学不论在哪个方面若能有所进步,其欣慰之心往往以不惜名分的坦荡,施之与提携、褒奖。相信,对他熟悉的学者或朋友都会有此看法。

"书以人重",并不是冷淡、排斥"人以书名"的客观实际。先生就鉴定、考古等各个方面,诚可谓博雅中西、丛林共仰的"通才"。可是,先生在书学、书艺方面所表现出的价值,并未失却"具眼人"对他的倾心和钦仰。他在晚年与启元白先生大体相似:拜求文物鉴定与索要墨宝可以使访客一举双得,以至于让宽仁处世的先生应接不暇。

先生在书学上虽然没有过多专门而系统性的著作，但是他的学术见解，均散见于他围绕书法碑帖鉴定及相关文献整理所撰写的考证专文和序跋之中。书法史的"隶化"现象是继元人之后、清末民初由于出土文物之故，成为少数文字学、书学学者关注的学术对象之一。先生，从考古和比较鉴定的认识角度对此也非常关注。他在《秦始皇二十六年诏书及其大字诏版》(《文物》1974年第12期)一文中，通过考证指出："秦隶则是出自民间劳动人民之手；并且在秦始皇统一之前就在秦国存在。这种秦隶在秦始皇统一之后仍得以继续通行发展，表明它是和秦的'书同文'是一致的。同时也证明了秦的统一文字，确是'罢其不与秦文合者。'"还指出："秦始皇的'书同文'不仅废除了六国杂乱的异体字，使文字趋于整齐简易，而且接受、采用了由民间创造、发展着的秦隶"。由于先生对古文献学、训诂学的谙熟，披沙见金，便不以为然；他的这一看法，借此补证了元人对两汉书法的诘疑，有幸时至2002年湖南出土的"龙山里耶秦简"则以淋漓尽致的墨迹，确切无疑地证实了他的观点。他在《中国历史博物馆藏法书大观概述》中，通过新出土文物和碑帖等考古文献比较分析后，又指出："隶书在演变发展过程中，体势风格有了很大变化。在秦代初创阶段，可以认为是篆书的草书写法，用笔多带有篆书的意味，这样的隶书称为秦隶。经过两汉人的加工、美化，逐渐形成一种结体讲究、波磔雄健、体势超拔的字体，称为新隶体。到了汉末，形体由扁而方，波磔变态，演化成为楷书。"(《书画鉴真》北京燕山出版社1996年12月第一版)我们知道，关于书学史的"隶化"问题，早在上世纪初二、三十年代就引起王静安（国维）先生的重视，如他在《流沙坠简》序文中提出："今略考诸地古代之情状，而阙其不可知者，世之君子以鉴观焉。"继之，郭沫若、唐兰诸先生都在各自的著述中对此倾注了热忱，一句话，"隶化"问题不论从书法史、书学和书法艺术等方面都是不可忽略的思考对象。新时期书法文化复兴以后，我们的书法艺术的群体创作意识和评价机制、品评标准，在形式上均发生了今非昔比的变化，可是，普及与提高这对矛盾的严重失衡局面，不应当使我们忽略那一代学人所遗留的学术成果与课题。在这方面，史先生于1974年和1992年分别借题阐述，诚可谓洞幽知微功在"玄鉴"。先生在书法文化方面曾反复强调书法艺术应涵盖实用性。用他的话说："汉字书法是中华民族文化的优良传统之一，它既是文化交往的工具，具有实用价值，也是一门独放异彩的艺术，具有欣赏价值。发扬书法的优良传统，普及汉字书法知识，对于弘扬中华民族的优良文化传统具有十分重要的意义。"先生把汉字书法的审美标准、艺术理念植入了"实用"与"欣赏"两位一体的概念之中。纵观中国书法史，字写得让人认得与写得好看或写得美，是使汉字书法持续其生命力的本源意义和基本要求，从甲骨文衍变演化为篆（金石）、隶、草、真，都相应延续着这两个须臾不可分离的审视基因。书法艺术的原始生态如此，发展到高级的阶段亦然；汉字书法的手工性与相应使用的文房四宝都是服务于写得对、写得好或写得美这一颇具"自然选择"性质的法则的。在倡导繁荣、发展书法创作的当下，先生把汉字书法的实用价值、审美价值置于并重同一的认识高度，我以为这对恪守书法文化的民族性要求，是富有现实意义的；同时，对匡正简单套用西方"表现性"美学概念的书法创作中存在的浅薄与流弊，以及漠视汉字书法艺术本质属性的所谓"现代派"，提供了鉴证、甄别的思想资料，值得珍惜研究。

近代学者、书法家莫友芝说："书本心画，可以观人。书家但笔墨专精取胜，而昔人道德、文章、政事、风节著者，虽书不名家，而一种真气流溢，每每在书家上。"（见《邰亭书画经眼录》）。史先生清劲朴厚、高古华滋的书法，与他的风度、人品和才华风骨是分不开的，故耐人品味。借黄苗子先生介绍启元白先生书法的话："各人有各人的爱好。启先生是全国书法家协会主席，但中国人民，完全享有不喜爱启功书法的自由"。"至于我，我自己认为喜爱启先生的书法。"（见中华书局2000年7月版《启功学术思想研讨集》黄苗子先生《夕阳红隔万重山——启功杂说》一文）。那么我，可以说，史先生不仅不在中国书协担任任何职务、连会员都不是，可是我非常喜爱史先生的书法。就像歆羡鲁迅、胡适之、赵朴初、季羡林、茅盾、林散之、饶宗颐诸先生的书法一样，何况有此看法者，不独藐予小子呢？史先生的书法被什袭为珍，不仅仅是因为书以人重罢。我觉得以"敬惜字纸"傲视于世的中国人的审美心理内涵，不会以"书以人重"去否认"人以书名"的审美期望和客观现实。换言之，即学问家能把书法写好、写出名堂亦为题中应有之义。与之相反亦不乏其有，陈援庵（垣）先生曾把章学诚不谙八法的手迹当作反面教材劝示后学，即为此意。当然，世间有专门收集学问家、或其他名人书法的现象，可是以书法名世的学问家、或其他深知书者的名人的墨迹独有其令人梦绕情牵的理由。史先生书法特色以为是：

一、字法笔态匀静自适。谁会否认"玉版十三行"和"韭花帖"缺乏动感、"草情"的逸韵？孙过庭曰："真不通草，殊非翰札。"先生之书点画醒透，笔致停蓄，既守规矩，又随意挥运，清虚动人。或说规矩、变化交相为用，仿佛阴阳之有名而无界。其用笔，在顿挫、提按上备尽理趣，秀中含骨，于隽秀中溢出端庄、淳朴。特别是到了晚年，在笃实、凝重中又平添了劲峭开阔之气，神完气足，谓之妄乎？细品之，像欣赏名角儿唱戏一样，字正腔圆，一板一眼，凡中见奇，在节律、招式的动态中泰然自若。又让我想起高标自励的人格追求，固本强基的道德品节，已使人于荣辱不惊之中，足可应对各种风云际会的遗世况味。所谓化境足以证之。他的字看似横平竖直，笔笔不苟，但点画、使转既无纵横之习，又无涩滞之态。中宫紧结，四围舒展，长撇大捺的起、行、收皆能调度从心，毫无懈怠。其撇捺笔画的搭配貌似胡适之，于开合适度却远胜一筹。先生书法借字距所形成的韵律感是安雅、静穆、雍容、厚重。这是他的书法之所以耐看的一个方面。还有一点，即先生"古不乖时"，从来不写异体字、别体字；一字之内也没有多余的点画也没有多余的动作，更没有清人之后所流露的什么"阵角点"之类的随便和粗率。精谨的字法，随意的笔态透出了先生对中国汉字文化的虔诚和恭敬。

二、行气悠淡，神清安定。先生书法的章法依文字的多少、应对写作尺幅的大小而随机变化，打开《史树青金石题跋选》一书即知。行距有宽有窄，宽也罢，窄也罢，均能依托每行字的多少而定；字与字，字与行，行与行均无固守，简直是他字法笔态的变形与延伸。所以，他的行距，造就了不因字多而迫塞，不因字少而失势的妥贴可人的疏朗；清爽的文面，荡溢着深谷幽兰的馨香。可以说，先生的用笔、结字与他行云流水般的行气是相辅相成的。"一点成一字之规，一字乃终篇之准。违而不犯，和而不同……穷变态于毫端，合情调于纸上；无间心手，忘怀楷则。"（孙过庭《书谱》）先生曾非常谦逊地对我说："我的字写的不好，是展牌字。"如果信以为真的话，那就上当了。譬如他题笺、题跋时往往开头那一、两个字显得字的体态较大，有凝重之感，极尽开篇启势的发笔节奏，而通篇看来并无突兀之感，一如晋人的真草特征，这与"展牌字"是有霄壤之别的。和谐是美的标准与最佳法则。用笔、章法的轻盈、虚灵，不是没有深度，没有厚度。书法的力度、韵味，不能孤注于某一个方面，笔与纸的提按，字与行的处理，笔调手和，时时处在法与不法的动态统摄之下而毫无造做之气，这不仅需要笔墨操习的功夫，同时更离不开笔墨操习之外的修养与涵泳。

三、灵蛾破茧，自成一体。史先生习惯用"水笔"，不喜作大字；然书写四尺对联或题匾大字，其精神意味亦极类平常细笔小字。他七十岁以后书，笔画间颇得老笔纷披、苍中含秀、自在无碍的拙趣，于惯写行、真相间的同辈名家中独出机杼。书之气厚不独画粗笔重为度；"书卷气"来不得半点的矫饰与虚伪。先生之书尺幅千里，字幅虽小却益见水深土厚之势。其雍容蕴藉却表之以淡远简阔。所谓大气，迥非以纵横之习、冶容求好使之然也。史公书法与此可证无疑。中国艺术传统有特别于异国的审美观念：古雅。之与书法尤然。"未必翰墨全类其人，而人心之所尊贱油然见异也"。（宋·沈作吉吉《寓简·论书》）先生臻此书境，盖胸有诗书，学养深醇，思接千载，鉴古知今，已至于嗜之也弥笃，而习之也至诚，内化于常行，契会于翰墨，书我无间，道艺为一，之与先生便不知其所以然而然了。王静安先生曾借画论书，强调："画之高下，视其我之高下，一人之画之高下，又视其一时之我之高下……其与书亦然。石田之书瘦硬如黄山谷，南田之书秀媚如褚登善，而二田之书，又非登善、山谷之书也，彼各有所谓我者在也。"何子贞诗云："从来书画贵士气"。史先生书法的具体内蕴不敢妄评。这里，只是借引王、何二氏的诗文，由愿请熟悉史先生人品、学问的学者和同道重新审视他的书法；同时，由先生的书法，颇想提出两个问题就教于同道：第一，书法艺术创作上的"耐看性"与所谓的"视觉冲击力"究竟是并列的关系、还是因与果的关系。我个人认为，二者应当是因果关系，从逻辑理论上讲，失去了耐看性，视觉冲击力即沦为无本之木，之所以有冲击力，是因为耐看；不耐看，它又会冲击何等层次者的视觉呢？故曰：耐看性是书法艺术审美的基本要求先决条件。第二，书法创作的评判对象或审美对象，不应该排除所谓的"学者书法"。其实，所谓的"学者书法"历来是被古人包括在有"士气"风度的作品品鉴之内的。古今公认的"书卷气"恰是"士气"的最直接的情调表现。可以说，如果林散之先生的字没有"书卷气"或"士气"的话，他的线条质量和墨法就会沦坠为单薄的技巧卖弄。其价值，即在于把"形而上"与"形而下"统摄于笔下，相得益彰。所以我觉得，用所谓的"学者书法"区分所谓的"书家书法"很容易消解和降低中国汉字书法艺术的审美内涵、及其原文化生态属性的思想意义和艺术品位。我们对"古董式"的"学究"也许只能羡慕，但是，人文精神的复得，充盈于书法作品的那种气息，至少是非学不可的。这两个问题如果在理论和实践方面得到妥善解决，可能，不仅会为解决当前书法创作中存在的普及与提高的矛盾找到出路，而且为凸现、提升书法创作的文化品格能够拓宽思维空间。

史先生对书法事业的贡献是多方面的，这里再简单地补充一下。先生生长在"西学东渐"的时代，又幸逢文物发掘足可傲视古人的二十世纪，深厚的学力，精湛而广博的学问，使他在书法资料的发现上别具慧眼，如对魏晋砖文书法、古文字正史与考辩，晋人楼兰文书残纸书法的举荐，碑帖的辩伪与文化价值研究，汉代简牍等学术领域的研究，继"四堂"之后，先生与他的同辈学子一样倾诚用心，早在上世纪五、六十年代就开始有若干论文公诸于世发人于未闻、多有创见。再则，先生对宋元明清与民国时期有关文史源流掌故、书法嬗变的知识把握，置于当今亦属不逊同行之大家。藉此优势，他对文天祥、唐寅、海瑞、邱逢甲、王尔烈等古贤书迹的发现与研究，均为非先生莫属。与此恕不多言了。噫！先生已逝，惟祈道存。

风松雪竹，气清骨秀。值先生仙逝期将周年，病中拜稿，不计思涩笔钝之愚笨，姑妄呈此，并我曾"羞呈"先生的二十八字，以志心丧之祭：

颜底褚面二王韵，清脱醇雅屈子心。

诗书双正后生畏，几士居横剑与琴。

2008 年 6 月

史先生二三事

张铁英

说起我和史先生相遇相识的往事，还真有些传奇色彩。

大概在上世纪八十年代初，北京故宫博物院举办了一届大型的古代书画展览。一天下午，我去参观。刚刚进入展厅，便看见三位边说边聊的年长于我的观众。其中一位中年人，体貌魁梧、圆脸平头、面带微笑、衣着朴素、步履端庄、嗓音敞亮：颇有些眼熟，后来知道是久闻大名的文博界的专家史树青先生。

在展厅内，史先生引经据典，边看边讲。我也乐得邂逅名师，一直追随其后，享受着免费白听专家讲解的愉快。史先生等前辈看书画的习惯是重视款志文字，明辨流派传承，自觉不自觉地把具体作品放在书画发展史中进行品评。因此，史先生对每件展品上的文字都要仔细端详并朗声诵出，然后顺便讲一些相关于作者、作品、内容、形式、流派、影响等典故旧闻，而他自己的观点和评价也穿插其中。听史先生的讲解，实在大开眼界、增长见识。

史先生虽然博洽多闻，但对于款识中的个别草书、篆字也有一时犯难、一时不辨者；我因兴趣所在，对书法比较熟悉，遇到冷场时，便在一旁帮助猜释，然后大胆而小心地说出。这时，史先生每每露出的是赞许和肯定的神情，这使我胆气与信心倍增。

和名家不期而遇，时间过得飞快，转眼就把展览看完了。走出展厅，史先生等三位言犹未尽，站在（应该是绘画馆正门的）月台上聊天。一抬眼，看到快走到南门的在下，史先生忽然向我招手说：那位年轻师傅（自"文革"始，全国上下讲的都是工人阶级领导一切。所以工人间的尊称"师傅"一词，一时也就成为中华大地最时髦的称谓）请留步，我是伯乐，发现了你这匹千里马。你过来，留个姓名地址。于是，我喜出望外地跑了回去。互相留了姓名地址，史先生还把家中的电话也留给了我。史先生说，如果有我的讲座，我给你寄票。你有什么问题可以直接找我，我不住地点头，再三表示感谢。然后名正言顺地陪着史先生往故宫南门走去。一路上，史先生所说的新旧趣闻都已记不太清了，只是走过端门时，史先生指着东朝房时说的一句话记忆深刻：1949年，我就在这里穿着长衫上班了。

不久，我收到了史先生亲自寄来的他在位于法源寺左近的工人俱乐部举行讲演的两张门票。

史先生这次讲演，恰逢改革开放初期，社会上对传统书画、古代文物的兴趣相当浓厚，因此人气很旺，座无虚席。史先生的兴致也很高，他时今时古，时远时近，有针对性地讲述了大家渴望知道的一些问学之道、书画常识和鉴赏要领。

史先生首先介绍了近在咫尺的千年古刹——法源寺的简史，并着重提到1924年泰戈尔来华时曾在法源寺与当时国内文化名人聚会，大名鼎鼎的梁启超先生也参加了这次在中印文化交流史上一次相当重要的盛会。关于这次盛会还有人专门画了一幅画，名为"双栝庐宴集图"（注1）。

在进入正题后，史先生着重谈到了文史知识在书画鉴定中的重要性。他说，脑子里没有几千人名，谈不上搞书画鉴定。要认识这么多人，就要从读书开始。如果研究书画，那么，孙承泽的《庚子销夏记》高士奇的《江村销夏录》吴荣光的《辛丑消夏记》等都是必读的书,搞任何研究都离不开读书,想把书读好,离不开"目录学",张之洞的《书目问答补正》是一本很实用的工具书。我曾买过不少本,分送友人。今天在座的,有志于搞文史研究的青年人,应人手一册。当然,搞研究光看古书也不行,新出版的专业书籍和杂志以及报纸也要看,要及时准确地掌握当前的研究动态、研究水平。

谈起书目,史先生如鱼得水,列举了很多种实用的书目,有的甚至报出了价钱:香港最近出了一本书法大字典,正草隶篆都有,港币十八元。搞书画的,和书画专业沾点边的人士都要买一本,以备案头查用。

他对在场的上千名听众语重心长地讲述了文物的稀缺性、珍贵性以及认真保护地必要性、重要性。古代的绢本画,每打开一次,不知道要断多少根丝,每看一次我都心痛。

保护要落实到各个方面,宋元以上的作品,只要流派对、风格对,就应视为真品,享受真品的待遇。

乾隆以上的作品,即使是无名氏的,也要认真保护。

名家的代笔作品,等同于名人主编的典册图书,也要视同真迹。代笔的现象很常见,明代董其昌的作品,很多出于代笔人。启功先生曾写过一篇文章:《董其昌书画代笔人考》。

谈到对器物的鉴定时,史先生说,器物要见物见人,所谓:"无价鼎钟留款识,有名书画重题评",器物的铭文很重要,书画的题跋也很重要。一则题跋,前人称为一炷香。香火越多,身份越高。

会上,史先生还应听众的要求,介绍了很多文物常识:如一堂条屏,如有不齐或有缺失,行话叫失群;布钱俗称裤衩钱,等等。

史先生的讲座深入浅出,而且都用大白话说出,所以场面相当热烈。那场讲座,使广大普通群众有了面对面零距离接触专家学者的机会,普及了文博知识,增强了群众关注文物的兴趣;而对于有志钻研者,则指明了学习文史的正途正道,开阔了求学者的眼界。

毫无疑问，这次演讲是成功的，影响是深远的。

自从在故宫认识了史先生，我多次去位于东城区东堂子胡同的史先生旧宅去请教。

史先生此处住宅共有四间北房和一个小院。屋中靠墙摆满了书架，线装书和洋装书挤挤挨挨，**重重叠叠**，数量之多，不胜枚举。不仅如此，藏书中还有不少杂志。他说摆在后屋里一摞一摞的杂志都是《文物》期刊，从试刊、创刊到现在，一本不少。我知道，一份杂志的多年收藏，如果要保证一本不缺的话，需要多年如一日的关切和心血。这种收藏的甘苦，局外人很难体会。

出于对专业研究的需要，史先生不仅对相关的杂志很重视；出于对及时掌握当前研究状态、学术发展的需要，史先生对报纸也很关注。有一次，他从外地出差回京，指着堆在桌上的报纸无可奈何地对我说："攒的报纸读不过来！"那表情，真可以用"痛苦"二字形容。

从史先生对杂志报纸的态度上，可以了解到他在各个方面之所以能取得骄人的成果，不是来自吃老本、炒冷饭，而是与时俱进，不断学习、不断积累，不断更新地结果。

史先生曾明确表示，他的最大愿望之一，是把自己一生所学及经验教训传于后学。史先生是这样想的，也是这样做的。

我当时曾经学刻过几枚图章，史先生积极鼓励，说图章在书画作品中的地位相当重要。他说，"篆刻家傅大卣有一句名言：'一件书画作品，单看其图章的水平，便可定其优劣。'这我话很赞成。"不仅图章的质量关乎书画，印泥的质量也不可忽视。说到高兴处，他把手头能找到的图章拿出许多，逐个讲解印文、作者、材质……让我欣赏、参考、学习。他又讲了沾印泥的方法，并且强调一定要一手拿图章，一手拿印泥："这是文人的规矩"。

史先生读书多，他也极力号召友人、后学多读书。他对请教者的答案也往往是一两本书名书目，叫你自己去解决。我曾就古代书信格式的"平阙"问题请教，史先生当即说了一本书，"那里边有论述"。我到图书馆按图索骥找到该书。但书中具体议论甚少，大概也就一二百字。不过值得惊讶的是，仅有这么点相关文字的一本笔记，我这个专程去借阅过的都把书名忘了，而史先生却清晰明白地牢记在大脑中随时可以调出使用，实在使人钦佩。

史先生喜欢友人和后学不断地向他问学请教、鉴定题跋，他不仅每次都热情款待，优质"服务"，乐此不疲，而且尽量满足求学者的其他要求。1982年周汝昌先生出版了一本《书法艺术答问》。书中有些不同于当时书界的观点，引起了一些争论。我很钦佩周先生的眼光和气度，想去拜访。史先生知道后，很爽快地表示支持。他当下认真地写了封介绍信，我只记得开关写到："玉言学长：今有张铁英如何如何……"满满地写了一页纸。可惜我当时一高兴，从史先生家出门便径直去了周先生家。见面就交了信，结果我连个全文都没抄下来，现在想来，颇为遗憾。

史先生在文博界工作一生，好学深思，见多识广，是文博界的大专家、大学者，但也难免有知识死角。对此，他不避讳，不文饰，不作大言欺人状。

前两年，我忽然对清代品官服制中的顶戴（即帽顶上戴的那个珠子）产生兴趣。并且逐渐了解了，从三品到六品的所谓蓝宝石、青金石、水晶、砗磲等物，其实不过都是些或明或暗的玻璃球子。但到七品，便成"素金"了。这"素金"是什么？看了不少古今书，问了不少远近人，都无结果（注2）。有人还在报纸上说是"金子"，显然是大谬不然的。金、银、铜、铁、锡在古代都称为"金"。但七品官的"素金"绝非"黄金"！原因有二：一，从一品到六品都以廉价的玻璃为主，七品芝麻官焉能用身价百倍的"黄金"？二，如果真是用黄金，那么，围绕着七品顶戴的公案传奇、遗闻逸事，一定会多如牛毛,为何迄今未闻一件?

百思不解之后,我又找到了早已诸事缠身,难得一见的史先生。史先生认真地听了我的汇报后,稍停片刻,然后抱歉说:"对不起,我没研究过清代官服,'素金'我不懂!"

这是我对史先生最后一次请教。虽然这次请教没得什么要领,但是史先生这种虚怀若谷,实事求是,敢于就自己"专业范围"内的问题坦陈"我不懂"的学者风范,让我由衷地感到史先生的人格魅力。我以为,敢于就自己"应知应会"范围内的具体问题说不懂者,才是大学者大学问家应有的态度。因为我的一位更为熟悉的老师启功先生就是如此。

注1:双桕庐宴集图作者失考,社会上就此问题流传着一个误解,说是林觉民先生堂弟、林徽音之父林长民先生曾在法源寺双桕庐内宴请泰戈尔等人。我曾多次去过法源寺,那里是一座典型的佛教寺庙,其中绝没有双桕庐一类的建筑或饭馆。误会来自好事者对"双桕庐主"中"主"字的省略,本来是个人名,一下变成了饭馆。

根据现有的资料,泰戈尔去法源寺除去参观、礼佛之外,更重要的活动大概是去看看那里远近闻名的"丁香"。他是由徐志摩陪同去的。事前或者事后的四月十五日,由当时的名人兼高官双桕庐主林长民先生在北京某处(很可能是它的家中)设宴招待泰戈尔,与会作陪者有梁启超、梅兰芳等人。梁启超在席上称泰戈尔为印度的诗圣。印度古称"天竺",中国古称"震旦",梁启超为泰戈尔取了一个象征中印友好的名字——"竺震旦"。

林长民(1876－1925),字孟宗,号双桕庐主。福建闽侯人。光绪二十三年秀才。上海约翰大学及日本早稻田大学毕业。1909年返国,曾任司法部长、临时参议院秘书长,法政局长等职。1925年与郭松龄出关讨伐张作霖,不幸遇难。

据称现有"双桕庐晚宴食单"一纸留传,是日宴会共有十余道普通菜品，录此以为谈资。

主菜是：1，珍珠豆腐汤、2，醋溜黄鱼、3，红烧鱼鳍、4，炒小牛肉、5，火腿鸡丝方饺、6，清蒸鸭、7，炒油菜花、8，炒花芥兰、9，焖豌豆、10，炒小白菜、11，香菰虾米烧笋。

甜品是：杏仁酪、枣泥窝饼，还有水果、咖啡。

注2：礼失求诸野。关于素金，一位老家在内蒙的王小文先生曾见告，他小时候拆过他们家的留下来的官帽，上有中空薄铜球一个。我问此物为铸为焊，则已无可奉告也。此说尚未闻其二，且未见实物，不敢断然从信。但揆情度理，以为距真相不远。录此以供有关人士参考，以期早日弄清这个连史先生都不明白的小问题，从而告慰事事关心的史先生。

记与史树青先生交往的几件小事
唐吟方

我自2000年起开始执编《收藏家》杂志,史树青先生是我们的主编,因了这层关系,常有机会见到史先生,向他老人家请益。史先生向来是求者不拒,在专业与学问上给予无私的教诲,我因此受惠无穷。岁月匆匆,史先生下世忽忽已二年,谨追忆与先生交往数事,以志缅怀。

上个世纪90年代中期我还在《文物》杂志工作,一次拿过一本册页请史先生写字留念,他爽快地答应了。当史先生翻阅册页,看到里面有一位江苏女书家的字,就说写在女书家后面吧。连留墨迹也奉行"女士优先",颇有点绅士风度。不过我并不赞同意,说您是前辈,您若这么做,今后那些比您年纪小的作者看到了会骂我的,听我的话后他才作罢。册页上早已有故宫朱家溍先生写给我的一字一画,我翻出来给史先生欣赏,一边介绍说朱先生的这二张东西都很精,尤其是那幅《松石图》,即使放在明清人那里也不逊色,并称朱老的情致格调当代少有其匹。史先生当时没言声,看了好长一会,主动跟我说"册页先留着,带回家,等有空也给你画画"。我当时只以为史先生一时兴致所至,随口一说而已,不大上心。史树青先生的善诗工书是文博界众所周知的,画则从未见过,我当然不敢有所奢望。隔了半个月,史先生托人打电话来,说册页画好了,可以去取。

我以为史先生一定也是写了字，等拿到一看，大吃一惊，是一幅《竹石图》，而且还题了一首诗，诗云：画图追慕文湖州，北地应推李蓟丘；三两瘦竹倚秀石，伊人照水衍风流。我知道史先生的书斋名为"竹影书屋"，哪里想到他的竹石也画得那么雅秀。若干年后，我给史先生做过一个访谈，才知道他当初主动提出来给我作画原由。他在谈话时无意中透露，年轻时常听人说北方不出人，有名的学者都出在南方，对这样的说法他非常不服气。认为北方也出大学者，这也是当史先生看到朱老这位江南学者的画作后，说要给我作画的原因，其真实的想法或许是想表达北方学者在舞文弄墨上面一点不亚于南方学者。我不曾探讨过史老这种想法的心理及文化背景，对我来说，因史先生性格上的不服输而获得了一宗难得的墨缘。朱老《松石图》的高古冷逸和史先生出笔成章《竹石图》一样为我珍重珍爱，即使在他们那辈学人那里，这样的异品也未必多见。而从这件事上透射出一位老学者单纯、率真、执着，富有人性化的一面，这也是史先生留给我最美好的一幕。

在和史先生的交往中，发现他重视现当代史料的保存，这或许出于他历史学出身的专业习惯，里头也包涵了他对学术的敏感。记得在新世纪初，我有意撰写民国书画家润格方面的文章，当初收集这方面的材料，只能靠查找民国时期的报刊杂志，如余绍宋编的《金石书画》《湖社旬刊》及上海的老报纸《申报》等等，材料很零碎。当我向史先生吐露这个想法时，他没有想就说可以帮我找找这方面材料。过了几天，真的把一卷泛黄的民国书画家留下来的润格原件交到我手，有几十张之多，令我喜出望外，对于研究者来说，材料的收集是最基本也是最重要的。史先生告诉我这是他年轻时专门找书画家索要的。有些润格有了折痕破了，还专门做了托裱。有几张上面还有书画家的墨迹、印章。我记得有以画梅著名的汪吉麟及金石学家陆九和等人的，虽然润格来源集中在北京地区，但象这样的第一手润格资料，保存至今十分不易，对于透析三四十年代北方的书画家的创作生活、市场情况无疑是有益的。我后来问史先生怎么想起来要保存这些东西的？史先生说这就是档案材料，档案是不分大小，要了解当时的社会生活细节，就要靠这样的小材料。就是这次，知道史先生不光保存润格，还收集门刺、拜帖这类小东西。从这例我亲身接触的小事看到史先生的细心、见识和眼光，这恰恰也是他平易踏实学风的体现。

类似的事还有一些。如我一直对现当代书家人事感兴趣，留意收集他们的材料。某次与史先生偶然闲谈，涉及已故的蓝玉崧先生，这位音乐家兼书家的名士，坊间有不少他的传闻，比如说在大庭广众下公然指责他的友人某名家为人的圆滑，这是不可思议。不料这个话题才展开，史先生就对我说，我和他是同学，家里还有他上中学时给我写的字。又说蓝先生才气大，中学时候就昂首阔步自视甚高。我想看看蓝先生少年时的墨迹是什么样子的。对我这个后辈的好奇心，史先生次日就满足了。这是我所见到的蓝先生最早的墨迹，恐怕连蓝先生自己也未必有保存。写那张字时，蓝先生才十几岁，落笔提按转折，英迈秀出，意气风发，日后的蓝先生气度实于其少年墨迹已可窥得一二。以后我把蓝先生的少作印在拙作《雀巢语屑》里，更多的人有机会欣赏到蓝玉崧的早年佳笔，也成全了我对前辈学人翰墨的向往之情，这一切都拜史树青先生之赐。

平日与友朋谈起心目中史树青先生，总觉得他为人随和、宽厚，属于容易接近、具有平民化倾向的一类学者。这个印象大致没错，但从我与史先生接触获得的感受，他还有另一面，即在人格上有勇于担当的一面。发生在上个世纪60年代的"兰亭争辩"，是一次有政治背景的学术之争，几十年后自然成了一个敏感话题，特别是对当年参与争辩的学者。史树青先生也是"兰亭争辩"的参加者，文革结束后他也没有轻易否定自己的老观点。当"兰亭争辩"过去三十多年后，日本《金石书学》杂志采访史先生，他在回应杂志的提问时，明确表示郭老的立论是对的，我不反悔也不改变。作为一个著名学者，史先生如此坦然地面对过去的历史，这是需要勇气和真诚。在这一点上，史先生显得特别坦荡磊落，有燕赵人的豪气，令人心生钦佩。

国内的高龄鉴定家，经过长期的积累，经验丰富，到了晚年都有自己的一套独特的鉴定方法，如启功先生的"五要五不要"，史树青先生则提出"眼学与科学"论。笔者在这里特意拈出史先生"二学"论，是觉得他在博物馆工作了一辈子，又一辈子从事鉴定工作，没有因循守旧，而是用发展的眼光看待他从事的这门学问，提出的论断切合本领域的发展趋向，富有远见。关于"二学"，他在不同场合反复宣讲过：第一，读书与文物、文献相结合；第二，出土文物与传世文物结合；第三，眼学与科学结合。还要说明一下，读书，包括古人和今人的书，书本是古人和当代人工作生活的总结。文献和文物的结合，得了解出土文物的年代，比较他们的作用，对鉴定传世文物有帮助。凭眼睛看跟用科学分析化验的手段结合。这三点做不到，就没办法把鉴定做得系统科学。在这个前提下，史先生又有"历史价值第一，艺术价值第二"，并强调"标准不容移易"。史先生的见解，概括起来说他的鉴定中心价值观建立在中国主流文化体系上，对文物的历史价值和艺术价值区别对待。站在这个立场上去体味史先生的"二学"论，就会发觉他一直到暮年还负有学术使命感，更为难得的是思想还跟得上这个剧变的时代。

史树青先生去世后，有很多人撰文谈与先生的感人至深的交往，谈他超群的记忆力，谈他深厚的文献功底，谈他的博学多识，谈他长达七十年鉴定生涯中的种种奇遇，谈他朴实无华的为人。但以我的亲身感受，更愿意把史先生看成一位饱读诗书、以读书终老的书生，由读书而思考，由再思考而学问，至老不脱书生本色。"菜根香，布衣暖，读书滋味长"。史先生的一生，或许可以用这句话来形容的。

2009年4月5日

随史树青先生考察临淄文物市场见闻
唐健钧

记得是2000年4月3日至8日，应山东淄博市临淄区文化旅游局之邀，由史树青及海国林、唐健钧三人参加了该区的文化艺术节，并对文物市场作了考察。

我们一行受到区政府的热烈欢迎，我们的工作是对文化干部及文化市场从业人员进行《文物保护法》的宣传，并对齐鲁文化艺术市场从业人员就"如何鉴定与收藏"授课指导。

该区文化艺术市场位于临淄区西南方，与"齐园"公园相对，公园是以影视剧《孔子》外景为基础修建的一个文化公园，其中建筑都是仿春秋战国时风格，古意犹存。齐鲁文化艺术市场也是在一群仿古建筑中，正方回廊相连，数十家店铺，都是经营旧货、文房四宝、字画、工艺美术、装裱等。我们随着史先生进行考察。店主都遵纪守法，未见到出土文物上市流通。先生一边参观，一边宣传文物法。当我们来到瓦当斋时，室内陈列着各种不同形式的齐国瓦当拓片，店主介绍说，他多年已来收集到六百余种齐国瓦当，瓦当拓片是他平日出售的商品。瓦当作为古代文明的载体之一，有着深刻的文化内函，表现出古代劳动人民的聪明才智和审美趋向，以及对美好的祝福。瓦当纹饰纷繁复杂，店主拿出一些不理解的瓦当拓片请教史先生,先生一一作答,最后拿出汉瓦当"谍高君迁"来,第一字很难释读,先生一看脱口而出,说:那是"谍"(die)字,"谱谍"之"谍",为高门谱谍,由于家世豪门,在政治地位上攀升是很自然的。此为吉语瓦当,十分稀见,故一般人对谍字篆书不识。大家听之正入迷时,有人说这里有一盆,上面好像有字。店主从柜台内取出,一看确有铭文,且有三处,都不清晰,经过简单处理,铭文可辨,三处铭文都是相同的篆文"淄亭"二字,大家认为是"淄亭",史先生接过"盆"端详一会说:这是陶量,此二字是淄亭,此"淄"字就是临淄的淄字,"亭"在汉代为一种乡官,这件陶量是该地乡官用来收税的。目前为止我国还没有发现有文字的汉代陶量,容积可能与秦代陶量相近,应该是斗量。此物很有历史价值。为了鼓励收藏者,先生拿出钱来奖励店主,把该物带回北京捐献中国历史博物馆,作进一步研究。

史先生在文化艺术节主会场进行了《文物鉴定与收藏》专题讲座,先生用一个半小时进行理论性的演讲,为使演讲活跃,最后采取问答式,与会者都想借机解开自己的谜团,争先恐后的提问,有的把实物带来要求针对实物谈鉴定方法。这种方式的确不错,但条理性稍差,不够系统,对收藏而言,只解近渴而已。

下午进行实物鉴定,来者鱼贯式的编号排队,大包小包往前挪,轮到桓台一位收藏者,拿出一幅刘墉书法轴,刚开一半,刘氏书风跃入眼帘,先生说石庵无疑,真迹也。当全幅打开,左下有款,作者石庵,下钤"刘墉印信",作者在嘉庆三年为其从孙所书,右下角还有"吉林宋季子古欢室考藏金石图书之印"朱文方印,"铁梅真赏"白文方印,"露园藏字"朱文方印。按收藏规律,钤在下面的印要先于上面的,故宋氏的收藏要先于露园,先生对此二人都熟,说:宋季子,名小,别号铁香,吉林人,清末举人,民国时做过吉林省主席、国会议员,曾出版过《宋小藏书画录》。因家遭不幸,所藏珍品流散，此作流入山东，被唐仰杜，字露园购藏。唐氏为民国时大收藏家，青州人，祖先在明代时为大官。在敌伪时期唐氏做过山东省主席，有《唐仰杜藏书画录》等著作。史先生把该作收藏来龙去脉说得一清二楚，听者叹服。在此前有人说此作为伪品，听先生一说，谜雾顿开，为之狂喜。

按照安排史先生把昨天的提问回答完后，就给我们"锻炼"机会，他在回答关于书画代笔问题时说，古之常见，较难分辨，代笔人大多与作者的书画风格相近，不是学生就是至友，代笔之作为本人所认可的。如明代著名书画家董其昌，官至礼部尚书，政务繁忙，求书画者络绎不绝，常疲于应酬，每请赵文度和僧珂雪代笔作画，亲为书款。清朱彝尊《曝书亭集》卷十六，《论画绝句十二首》之一为佐证，诗曰："隐君赵左僧珂雪，每为容台应接忙，泾渭淄渑终有别，漫因题字概收藏"。所以书画鉴定不易，代笔问题是最难鉴定之一。在解释该诗第三句时，他说：泾渭分明大家都知道，淄渑有别已鲜为人知了，淄就是我们临淄的淄河，渑，是渑水，也在我们齐国古都附近，淄河宽，渑水细。《左传·昭公十二年》有："有酒如渑"形容渑水之细，还有"疲马无力渡渑"，这是对马的疲乏程度的比喻。"别"这里读仄声。先生对此诗的解释深入浅出，即一堂鉴定课，又是一堂历史课，也是一堂文学课。课后与会者反馈信息，说史先生不仅是位著名鉴定家，还是一位大学者。是"听君一席话，胜读十年书"的最好注脚。

史先生在解答完问题后，就让我们讲，海国林讲"书画的时代风格与作伪"，唐健钧讲"文物鉴定与文物市场"，都获得了较好的评价。

下午继续鉴定。当今时下很多造假贩假，给部分收藏者造成一定的经济损失，这也不难理解，就叫交"学费"吧。收藏者热情不减，王先生拿来多件藏品，有青铜器、字画、琉璃等，当王先生把包装纸慢慢剥掉，露出一件铜鼎，先生一看便知这是宋代仿战国的物品。王先生心情非常失落。当他拿出一串琉璃器来，约有七八个大小不一，有圆形和圆柱形两种，史先生眼睛一亮，好东西，五颜六色，光怪陆离。"蜻蜓眼"的形象也很复杂，其中一枚两面为人头的更为独特，两个人头相对，正反各一，画得逼真，有一边为大写意还画出了眉毛。安家瑶先生在《文物》2000年第一期所说的腓尼基人头琉璃珠，这次在我国为仅见，值得重视。还有一枚大陶珠，表面多处斑驳，周围嵌物已脱落，很有研究价值。王先生说他购得57枚，有近50个品种，愿意提供研究标本。这些是有关中国和西方经济、文化交流的历史物证。

七日上午安排去青州博物馆，我们一行在有关领导陪同下，于10点钟左右来到了博物馆。该馆为古典式民族建筑群，远望一片黄瓦白墙，气势宏伟壮观，雄踞在阳溪湖东岸，与范（仲淹）公亭公园毗邻，可俯视李清照纪念馆及阳溪全景，真是俯仰之间，能纳万物之灵气，为青州之宝地也。我们由王华庆馆长导引、解说，匆匆地在回廊式展厅中来回参观，品味着青州文物古迹。文物之多，展览之富，是一般县市级博物馆难以比肩的。

当我们来到"龙兴寺佛教造像出土石刻陈列厅"时，全厅充溢着佛教气息。这些造像分为两类，一为佛造像，一为菩萨造像。跨越了北魏、东魏、北齐、隋、唐、北宋各个时期。尤以北齐彩绘造像最为稀见，雕工之精细，色彩之鲜丽，都令人感叹。

时间在催促我们离去，王馆长欲请史先生题词纪念。先生允诺，他办事特别认真，决不像一般游人题"到此一游"了事，每为他人题字，都先起草，稿毕后，读与大家听，征求大家意见，他常说好文章是改出来的，三个臭皮匠，合成一个诸葛亮，在抄录时对不满之句还在删改，这是他一贯的文风，今天亦如此。现把题写内容录下，共同欣赏："……，史树青、唐健钧、海国林自北京来青州，拾级博物馆，承王华庆馆长出迎，遍览名品，收藏之富，甲于齐东，而龙兴寺石刻诸尊，尤为艺林瑰宝，巡礼再三，叹佛力无边，为无量颂，临别回向，顶礼而去，题名册尾，以俟后缘。太岁在庚辰三月三日，史树青合什。"可说此题是一篇精美的小游记，青州之行，因缘不浅也。先生对佛学研究颇深，一语即出，可见功力。

由于工作时间安排太紧，我们走马观花地参观了"齐故城遗址博物馆"，对该地区的历史文化及出土文物有一个粗浅的了解，印象最深的还是临淄出土的战国金银铜牺尊，极俱历史艺术价值。该馆馆舍也具特色，既在齐故城原址上建馆，又把战国时齐城的大小城池连接为一体，这样的建筑外型，在全国还是第一例。嗣后我们马不停蹄地赶往"殉马坑陈列馆"和"临淄中国古车博物馆"，对春秋战国时齐国之富足和统治阶级之豪奢，有一个概括的了解，不论是殉马坑，还是殉车马，都是一个时代的印证，具有典型的历史意义。

这次齐国古都考察，初步明晰了齐国的历史形象，也对该地区的现代文明和人文历史有了较清楚的认识，可谓收益良多。

今日之追记，以念先生耳提面命，吾随先生四年余，无以报先生之德，仅以小文让读者更贴近大师，记得这位为我国文物事业作出过巨大贡献的先生——史树青。

见说长城天下雄 当年楼堞引雕弓 连天碧水波涛涌一片汪洋腾老龙 其一 长城锁钥山闾雄 咫尺秦皇尚有宫 今夜月明闾下宿 重来未曳已春风 其二 我本长城闾内人 记曾登览趁芳辰 古人但说孟姜苦 谁识而今塞上春 其三

山海关考古棵诗三首 学青先生属书并乞乘正 庚辰三月 史树青

◎ 史先生赠刘学青书法

王右軍十七帖與漢晉簡牘殘紙相較淵源有自學青臨十七帖造詣甚深心摹手追守中有變頗得簡淨腴和之佳趣承以臨本見示為識數語布他日有所進益也

二〇〇二年五月十八日史樹青於竹影書屋

◎ 史先生为刘学青临"十七贴"所作题跋

登臨直上翠微巔一塔
凌空認玉泉曾是髫
齡舊遊地人生不返是羊年

舊作北京西山重到已三年矣

占良仁弟屬書 八十老者史樹青

◎ 史先生赠吴占良书法

占良先生雅鑒 八月廿三日来函敬悉

尊藏陳克誥書畫冊筆精墨妙應爭取早日發表

俾俊藝林佔一席位為畫史添一作家也

台端可寫一短文寄天津書畫報當能早日刊出弟匆匆

寫示跋寄上呈正未足為大方家一觀也照片十張一

併附還請收青後印項

撰祺

弟 史樹青頓上 二〇〇〇·九·廿

◎ 史先生致吴占良信札

柳齋

占良先生以藏精拓本柳書魏公先廟碑名齋屬題 庚辰中秋 史樹青

◎ 史先生为吴占良题写斋号

長城鋪鑰此關雄怨尺秦皇尚有宮今夜月明關下住重裘未曳已春矣戊辰山海關立春并兼天下有餘雄觀海尚存碣石宮萬里長堭秦帝業車書今見八方同 訪金山嘴秦碣石宮遺址近北秦塼瓦甚夥見說此間天下雄當年橫弋連天碧海波濤湧一片汪洋騰當我 山海關至龍頭寺戲我是長城關內人牽三毛柳賞芳辰古來但說邊關苦誰見此今塞上春蝶
蘇昊先生詩家雅正 丁卯歲除書近作 史樹青

◎ 史先生為易蘇昊書自作詩

昔過絲綢路駝鈴筆底聞 今唱渭城曲出關有故人
燕市春天樹 河西日暮雲 水湾名大地 彩陶魚成文書銅
鑄天馬馳傳通大秦 魏晉塼畫栩栩如生筆若有神礼佛
雙石塔經变重報恩 四衆来絡繹觀瞻具風原愿言无
量颂花雨落紛紛 甘肅絲綢之路文物展覽會頌詩書稱
蘇昊同志初家兩正 一九八六年九月二十二日 史樹青 貢素

◎ 史先生为易苏昊书自作诗

◎ 史先生题汉龙凤书像石拓本

◎ 史先生为唐吟方所绘竹石图

史树青先生纪事
——怀念恩师史树青先生

荣宏君

史树青先生离开我们快一年了，这段日子里我常常回忆起和恩师在一起的时光——学习、生活、看展览、外出游访无不历历在目，也时常想写一些东西来纪念先生，无耐总理不出头绪，且先生平生所做的一些大事也多为世人所知，那么我就说一说与先生相处时的一些小事吧！

2003年夏应大连友人邀请，我陪史先生及师母到大连避暑，朋友把我们安排在一家酒店，并派一工作人员全程陪同，史先生是全国知名的学者文物鉴定家，且年事已高，为了表示敬重和起居方便，友人给史先生夫妇安排住了套间，没想到史先生一进房间便闹着换房，老先生直说"这还了得，这还了得，一定要换标准间"。师母连向朋友解释："老先生一辈子节俭惯了，到哪里都不愿浪费"，经过老先生半天的抗议及工作人员的请示，最后还是给史先生换了标准间，自此我陪先生数次外出，先生无不说着同样的口头语，把套间换为标准间。

大连的朋友非常热情，伙食安排得相当好，大连是靠海城市，盛产海鲜，所以每餐都安排各类海产品，由于我们用餐人少，难免时有剩余，老先生用餐后便大声向服务人员抗议，"菜太丰盛，太浪费，一定多减去几个"。由于老先生不断地要求减菜，后来只剩下简单地四菜一汤了，师母直埋怨老先生："你看，小荣还是个小伙子，这哪能吃得饱"。

史先生在生活中的节俭是出了名的，一身中山装穿了几十年，没见他换过什么新衣服，更不用说什么名牌服装了，平时在外吃饭，无论饭菜剩下多少，老先生一定要我们打包带回，但是在买书和收藏与文物有关的物品上老先生却出手大方从不吝惜金钱，遇到好的书籍，史先生不论价格，一定购买若干分送弟子。我曾听红学大家周汝昌先生讲过一件事，民国时期史先生曾出资帮著名词人顾随先生出词集，该书用纸考究，印刷精良，耗资不菲，几十年来史先生从未说起过此事，连师母也不知道。记得先生曾给说过一副联语"无事不出门，有钱便买书"，看来老先生对物质的享受要求极低，而一生的精力和财力都用在了做学问和他钟爱的文物事业上了。

史先生早年毕业于北平辅仁大学，幼喜读书，性近文史，一生博学且记忆超人，每当有人盛赞先生的学问时，史先生无不谦虚地感谢老师们的培养。比如史学家陈垣先生、于省吾先生、顾随先生以及亦师亦友的启功先生。正因为对诸先生的感念，史树青先生对待向他问学的年轻人无不珍爱有加，倾心相授。追随史先生十余年，对于先生的无私授业我是深有感触。2002年我偶然得到已故著名书家郑诵先生写给史先生的一封长函，及怀素圣母帖书一帧，我告诉先生想把这段逸事写出来，先生不顾年迈之躯，从民族大学赶到东单东堂子胡同老宅，翻箱倒柜给我查资料，帮我考证郑先生的身世，以及六十年代郑诵先生先生与张伯驹先生共同创办中国书法研究社的经历，助我完成这篇小文并发表于当年的《收藏》杂志。

在从史先生读书之余，我的职业是绘画，由于没有别的收入，我就以鬻画为生。先生经常询问我的生活情况，关心我的事业发展，每逢我举办绘画展览，先生必亲临现场，并向众人极力推荐我的作品，有一段时间画卖得不理想，老先生知道后把我叫到国家博物馆，为我的作品题跋，有了先生的提携作品自然是"畅销"了。每当我想起这些莫不热泪盈眶，先生之恩可谓山高水长，此生只有以努力读书，画画来报答先生的恩情了。

史树青先生北平辅仁大学毕业后经余嘉锡先生的推荐，到北平国立博物馆工作——即今天的国家博物馆，自此先生便开始为国觅宝护宝的生涯，先生一生为国家博物馆征集了无数的文物，最知名的有成吉思汗皇帝圣旨金牌、赵孟頫书法册页，以及闻名于世的成吉思汗画像。史树青先生一生喜爱文物。无论他出差到何地，第一选择便是去考察当地的文物市场，他常说"沙里觅金，人弃我取"才是收藏的最大乐趣所在，而收藏家的最高境界则是藏宝于民献宝于国，先生这样说，他的一生也在这样实践着他的诺言，直到先生去世前，他还在为一把青铜剑奔走呼吁。记得2006年之冬，我去先生家，还未等我入座他便与我说起来青铜剑一事，并随手取出一张他为此事所赋的诗稿给我，诗中写道："越王勾践破吴剑，鸟篆两行字错金。得自冷摊欲献宝，卞和到老是忠心"。如今先生已撒手西去了，对此剑种种争论的声音也渐渐地平息下去了，我认为剑的真伪并不重要，重要的是通过此事我们看到了史先生做为一个老的文物工作者一生为国觅宝献宝的卞和之心。

惊悉史树青先生去世的消息后我痛心不已，当即写下挽联纪念先生，今录如下再示对先生的怀念：

"砚冷墨残竹影屋失旧主自此再有疑难无问处，情悲意寒品一草堂别恩师奈何只能锥心哭先生"。

愿先生一路走好！

怀念史树青先生

任伟　刘小葶

11月7日，史树青先生走了，您真的走了，作为您的学生我们相信您会听到学生的话，因为您还未曾走远。我们要对您说，和您学习的三年时光是我们生命历程中最宝贵的部分。留存那里的任何点点滴滴的记忆都让我们珍惜而难忘。

一

您可曾知道？1994年的9月11日是我们最难忘的日子，那一天我们考入南开大学历史系文物博物馆专业，有幸成为您的学生，从此我们得以聆听您知识的教诲、聆听您立身处世的告诫。

您可曾知道？我们最难忘您办公室的那张大桌子。有时桌上摆满各类器物，您认真给我们讲述它们的特征、它们的历史、它们的文化、它们的美……有时，我们在您的左右围坐在那张大桌子旁边，摊开书本读书，听您讲述书中的世界和里面的故事……那是我们流连忘返的乐园！

即使是在课下，您诙谐地谈笑，哪怕只言片语，在我们看来也是一颗颗知识的串珠。那时，我们的心在说，您既是一位学识渊博的师长，又是给孙辈讲述故事的一位慈祥的老人！我们的思维跟着您走过很远、很远的路，领略着沿途无限的风光，贫瘠的心灵由此获得富饶。

您可曾记得带领我们参观文物展吗？我们最难忘您带领我们一起观赏文物的时光。您不顾自己的身体欠佳，只要北京有大型的文物展览会，您都会亲自带我们去，详细地给我们讲解那些文物的鉴赏价值，从它们的质地、年代、制作工艺到文化内涵乃至审美，娓娓道来，详细缜密，使我们在获得了专业知识的同时，也得到难得的精神陶冶。

您不错过任何一次可以带我们实践的机会。1997年，您到南开大学，不顾自己路途劳累，竟坚持带我们到天津的沈阳道文物市场，利用鱼目混珠的各类古董，指导我们鉴别真迹、观察赝品。教导我们学好理论知识，锻炼实践能力。您谆谆地叮嘱我们要做文物的鉴赏者和研究者，不要做文物匠。

那时，我们的心在说，您既是一位富有责任心的师长，又是一位治学严谨的学者！那时您已经年逾古稀，但在学术研究上仍然一如既往，一丝不苟，您对事业的热忱情怀真的令年轻的我们汗颜！

您可曾记得那一本书吗？我们最难忘拿到那本书的时刻。那是一天下午您给我们上完课，说有一本书我们要读一读，于是带我们到王府井大街上的考古书店。那厚重精装的4开本大书果然在架子上，您很高兴，立刻要为我们买下来。由于我们未带足够的钱。只得极力地拦阻您，答应明天下课后一定来买。但第二天一早上课时，走进您的办公室，就在那张大桌子上，三本厚重的大书已经摆放在那里。原来，您在下班途中先到书店买下了它们……您说："咱们三个每人一本。"还在书的扉页上题上字，送给了我们……

那时，我们的心在说，您既是一位治学严谨的师长，又是一位体贴晚辈的祖父！您送给我们的不仅仅是书，它是深厚的师生之谊，是一位老人呵护晚辈的温暖的心！

二

您可曾记得我们一起午餐的情景吗？我们最难忘那些您"发"给我们的苹果。在您那里上课期间，每次午饭后，回到您的办公室，您都要"发"给我们每人一个苹果，记得您总是一边削着果皮，一边说："每天一定要吃一个苹果。"为了我们，您每天都从家里带三个苹果，午餐后吃。此外，您还特意从家里带来水果早上上班时先送到我们的住处（国家博物馆的招待所），担心我们吃蔬菜少而上火。午餐时，无论在单位的食堂，还是在外面的餐馆，您都坚持不让我们花钱，您说我们还是学生。您还说："年轻人要多吃点肉。"于是给我们买排骨，给自己买麻酱面。那时，我们的心在说，您既是一位关心学生的师长，又是疼爱、娇惯孩子的老人！

纵然我们吃过好多苹果，但您"发"给我们的那些苹果是最香甜的，令我们至今回味无穷！

您还记得那一方砚台的拓片吗？我们最难忘那一帧砚台的拓片。有一天下课，您说让我们放松一下。就拿出一方纹样独特的砚台，让我们到拓片室在一位老师的指导下自己拓，一人一张。墨迹稍干的时候，我们拿给您，您从包里掏出随身带着的那个小布兜兜，那里面都是您的私人印章。您说要在上面题字送给我们。每逢这个时候办公室里的小海先生就会给您准备好笔墨，您认真地伏案拟草案，我们在一旁观看。那次您写了一首诗。题名的时候，您说："要记住，称呼熟悉的人不能带上姓，也不带自己的姓，否则不亲切"，于是就在一张上题了"小葶"，自己署名"树青"；给另一张题的时候，您为难了，又改正说："当然了，两个字的名字就不能不带上姓了，不能只叫'伟'呀"，我们三个都开心地笑了。

那时，我们的心在说，您既是一位诙谐的循循善诱的师长，又似一位挚友！在笑声中给了我们做人处世的教导。

三

您可曾记得您的那些"有趣"的事吗？

一次参观文物展后，天已经很晚了，您让司机回家不要来接您了，带我们打车回您的家。正在等车时，一辆私人的轿车停在您面前，开车的先生出来热情恭敬地向您打招呼，邀请您上他的车，您便带我们坐进了他的车，看来您遇上了熟人。到了您的家里，您热情地邀请那位先生进去坐一坐，并拿出一本书送给他以表谢意，那位先生很高兴，请您给他签名留念。您毫不犹豫地答应了，问道："您贵姓？"原来您并不认识人家！

由此，我们懂得为什么您总是不回避那些前来请您鉴定的人，我们的课总是被那些天南海北的来访者打断，每当那时，您总会对阻拦他们的人说："让他进来吧！"您仔细地给他们鉴定，坦诚地讲明器物的真伪，却从未收取他们的鉴定费。您说："不用我们到处跑，他们从四面八方把宝贝送到我们面前，这是多么宝贵的学习机会！"

我们知道，这正是由于我们的恩师平易近人的行为风格，才使人易于也乐于接近您。

另一次，您在那个四合院的旧宅里一面墙的"书山"中，翻出一本书，取出夹在其中的两张票，让我们去地质博物馆参观。那是两张招待券。检票时，检票的工作人员看了看我们问道："谁给你们的票？"我们就说是您给的。工作人员笑起来："这老先生，都哪年的票了！"原来是几年前的招待券。那是我们看得最有趣的一次展览。

由此，我们理解了为什么您在讲课的时候，总是脱口指出哪个问题在哪本书里。您不光是记忆力惊人，而是勤奋！每一本书都是您最亲密的朋友们，它们是每天和您见面最多的幸运者，所以您才了解它们！

有一次，您带我们一起在外面吃晚饭。我们吃过饭要走时，您看到邻桌的地下有一个馒头，就拣起来，认真地用手绢包好说，"还有很多挨饿的人，我们应该珍惜粮食。"

由此，我们看到了您令人尊敬的又一方面，作为享誉世界的文博泰斗，您老是多么的不同！

您可曾知道？

我们最难忘即将毕业的时刻，您给我们上完最后一个学期中的最后一节课，我们的心都感到一丝丝的不舍。您未再多说什么，只是说要给我们写字留作纪念。

您伏在那张大桌子上，认真地拟着草稿，一遍又一遍地修改。用工整清雅的小楷书写了我们从本科起学习的历程。每一幅达百余字。您又不顾劳累，坚持要再给我们写一幅您不常写的大楷字作为勉励——"俏不争春。"

那时，我们的心在说，您既是一位以身作则的严师，又是一位送子远程的慈父！

尽管那一天您没有再说什么，但我们知道，您对我们学习的回顾，是勉励我们将学习的历程延续下去；"俏不争春"，是您告诉我们，它不是孤傲，而是教我们懂得默默地奉献精神之美，之永存！

毕业后，您得知我们先后作了朱凤瀚先生的博士生，非常高兴。亦时常通过电话询问论文题目，畅谈自己对某个问题的观点。那仍是我们最幸福的时光。

……

您令我们难忘的事情还有太多太多……我们想对您说的话也仍有太多太多……无奈纸短，难容我们师生的情谊深长，我们只有将记忆中的一切深深地、深深地珍藏在心底……

今年黄花最忆人
——深切怀念史树青先生

张国维

又是一年秋风起，今年黄花最忆人。在著名文物鉴定大家史树青先生去世一周年之际，我手捧着新版的《国维印草》，凝视着他老人家给我写的序言，字字句句，清晰在目，令我心生无限伤悲，也忍不住怀念起与先生交往的那些岁月，再次感受到他老人家对我的提携之恩。点点滴滴，岂敢忘怀！

大家都知道，先生是当代中国著名的史学家、文物鉴定大家，被誉为鉴定国宝的"国宝"，他一生中鉴定过的各种文物达上百万件之多。

我仰望先生已有多年，视他为尊敬的长辈。史先生与我们的家族很有渊源，与我祖父、父亲是好朋友，又与我伯父为辅仁大学同班同学，所以我每次见他，都执晚辈礼。

大约是1994年，全国政协的孙炜先生正在考证"新中国开国大印"的事，找到了我。所谓"新中国开国大印"，就是新中国建立后所使用的第一枚国玺——"中华人民共和国中央人民政府之印"。当时，"新中国开国大印"出自谁手？社会上有两种说法，一是顿立夫先生；一是张樾丞先生。孙炜先生有证据认为"新中国开国大印"是张樾丞先生的篆刻作品，而我与孙炜熟识，所以我推荐他去馆里找史树青先生。先生的工作单位就在中国历史博物馆（现在已更名为国家博物馆），而"新中国开国大印"就收藏在他那里，现为国家一级文物。

先生对"新中国开国大印"的来历了如指掌，不仅指出这方大印就是出自我祖父之手，还帮助孙先生完成了他那篇获得了国家奖的文章。

先生与我家的感情甚笃，所以先生每次见到我，不是告诉些我所不知道的家史，就是叮嘱我要刻苦学习。他的每一次教诲，都令我终生难忘，而且常常听到别人说先生又夸我的篆刻有了新的进步。

我记得，在1987年春节，我的《国维印草》准备开印的时候，我给他老人家去拜年，我与先生说期盼他能够给我的第一本篆刻作品集写个序。他非常高兴，当即答应。

他在给我写的序言中说："1949年10月1日，中华人民共和国成立，樾丞先生以垂暮之年参与铸造中华人民共和国中央人政府之印铜印，盛世宏业，引为殊荣。文孙效丞（我的字），天资颖敏，英年好学，篆刻制印，艺林蜚声"他还勉励我说，"覃研印学，弘扬篆刻艺术，重任在肩，吾喜樾老之有孙矣！"

他的话如宏钟，声声在耳；他的话如针芒，催我奋进！

在他晚年，明知道自己患有严重的心脏病之后，他依旧满怀热爱祖国文物的事业心，带病坚持工作，直到去年11月7日凌晨，他老人家终于合上了他看过世间无数珍宝的眼睛。他的离世，是社会公认的国内鉴定界的一大损失。

而对于我们这些与他老人家相亲相熟的晚辈来说，他的离世，不仅使我们失去了一位亲切慈祥的长者，更是失去了一位可以指点我们人生道路的导师，所以我们只有更加努力的工作，以报先生之恩德。

愿先生一路好走！

圆融自在 妙造天真
——读《史树青金石拓本题跋选》有感

汪盛伟

　　大凡见过史老上树下青先生的人都会说：史老率真耿介，了无造作，天真烂漫，可爱如孩童。这当然是对的。老人家一生淡泊，箪食瓢饮，守一不移，脱落形骸，是"穷天人之际，通古今之变，成一家之言"的大家了。他是不会有架子的。他示现给众生的定然是那"真诚、清净、平等、正觉、慈悲"的相好。所以在我心中，史老是一尊佛。是一尊慈眉善目、清净无染、随喜众生的弥勒佛。老人家是一个场。是一个充满阳光、充满祥和、充满智慧的场。在这个场里：你会得到加持，你会法喜充满，你会清净自信。老人家的书法亦复如斯。真的是字字珠玑，莲花朵朵，妙造天然！古人不我欺也。"字如其人"、"书为心画"，在老人家那里都得到了实实在在的明证。

　　书法者，书写且如法也。书写而不如法，所得为"算子"、"墨猪"；如法者，契合道妙，直指人心，得禅悟三昧是也。是故，书法是关乎学养、气量的工夫；书法是一个修行的法门。浅者练身，延年益寿；深者炼心，明心见性。书法炼性:除三毒（贪、瞋、痴)，修三学（戒、定、慧），是向内洞明的修行。"师法古人"是持戒，不单是学其笔墨工夫（书艺)，重在师其彻悟心源，师其对森罗万象的把握，从而戒除自身诸多有害心灵、有害身形的烦恼习气和邪知邪见，进而如法修习，以至得定。定功既深，则开智慧。智慧现前，就有"郁郁黄花无非般若，青青翠竹皆是法身"的妙境。就可理事一如，体用一如，圆融无碍而得大自在。当此时也，何愁不能"与古为新"，何愁没有"自家面目"。

佛家有言"心外无法"，"心生万法"。书法为法亦当如是。古圣先贤能显其高者，能成其大者，莫不在其学养精深，纤尘脱尽；澄现出了那原本具足"竖穷三际，横遍十方"的妙明真心；史老上树下青先生也照见了这颗清净无染的妙明真心。他老人家的书法能独标高致，迥出凡尘者在此。

妙明真心是体，世间万法为用。体用是一不是二。大凡难成就者，就在于他妄分体用，心落边见，命根难断（"命根"者，是俱生我执、妄想、分别在语言思维方面的体现，也就是"言思之路"，言思之路，也就是心行之处。语言思维有两大特征：一是分别取舍，二是掩盖事物当下存在之实相——明尧法师释辞），离却本心，不得中道，遮障了"法"的真相。如是之人安能与"天地准"，又怎能企及"超乎象外，得其环中"的妙境！

北宋大家苏东坡居士就深得禅悟三昧："若言弦上有琴音，置于匣中何不鸣。若言声在指头上，何不于君指上听。"东坡居士这首悟道诗就明白地道出了"心——法"，"体——用"之间的关系。指头与琴弦是心之用，一首乐曲离不开"心"与"弦""指"的因缘契合。是故，美妙的乐曲不离弦指，又不在弦指。金元好问之言——"诗家圣处，不离文字，不在文字。"算是一语道破天机。

史老亦到得了这一"圣处"，他的书法亦得到了这个"天机"。老人家尝言，书画不惟笔墨，其神不离笔墨，又不在笔墨，重在人心。老人家还说，古人在操琴、绘画、诵读等艺事之前，必先沐手焚香，甚则斋戒，何哉？旨在"降魔伏虎"、澄心净虑，显现那颗妙明真心而彰其用。古之书画能竖穷三际，横遍十方，历久弥新者，就在于有这颗妙明真心。叹今之学人，外求诸物（象），心外求法，"筑高台、执拖把"以壮形色，而己心尽失。舍本就末可见一般，良可悲也！

末学尝幸获史老先生见赠之由其高足海国林先生编撰的《史树青金石拓本题跋选》。读之，让人耳目一新，春风熙面，心生欢喜，味无量法味。先生的书法跋文与拓本契合无间，珠联璧合，相映生辉而妙造自然——真个是"碧山人来，清酒深杯"，"饮之太和"，"妙机其微"——古人不我欺也，史老先生亦不我欺也。

读老人家的跋选，末学依稀闻到老人家的"弦外之音"——老人家并没有活在概念与名相里，故而下笔每能莲花朵朵，字字如金。大家知道，书法难，题跋尤难。题跋，光抒写自家胸臆是不行的，还得吃透拓本，并与之"和光同尘"、"形神无间"。所以题跋重在与拓本形神契合，以心印心。没有踏实的修行次第，没有甚深的禅定工夫，"跋文"与拓本的和合一如是勉为其难的事。跋者当"得大自在"，当"与天地通"。偏执一隅，固守边见，是出不了境界的。境界不出，美将焉附！——且看南朝画家姚最先生在《读画品》中的开篇语——"夫丹青妙极，未易言尽。虽质言古意，而文变今情。立万象于胸怀，传千祀于毫翰。"——姚最先生亦可谓说到了"圣处"，足见先贤心之通于今古。

让我们先来看看史老先生在《汉长生无极瓦当》上的"跋文"。

古陶瓦当，形圆，阳文"长生无极"用朱拓，置之拓本上部。现如日中天、光照万年之势。拓纹高古自然，呈道家朴茂、旷达之相。史老用浓墨书六竖行跋文列其下，似青山嵯峨，托显"红日"之高。先生的字，典雅沉着，骨丰肉莹，气定神闲，极显儒家中和之相。跋纹与拓纹泯然一如，和而不犯，"妙造天然"。其心一也，其神一也。实乃"惟性所宅，真取弗羁"，"情性所至，妙不自寻"。

再来看看先生于《秦·雍城遗址禽兽纹瓦当》上的跋纹。拓纹为墨拓阳文，形圆。四瓦当拓纹从上而下呈一竖行渐次排开。"纹中"禽兽自然生动，峻拔虚灵。先生跋纹分两部分，一部分置拓本天头而"顶天";一部分置拓本地头而"立地"。这样"顶天立地"的排法,与四拓纹"打成一片",圆融无碍。天头上的"雍城遗址出土禽兽纹瓦当"数字以浓墨略大字形书之,地头八竖行跋文字形最小,如此妙置使画面重心上移,凸现天穹之高阔空灵,四兽纹之虚灵生动,法味无穷,妙不可言,提气的很!跋文劲健高古、洗炼清虚、仙风道骨,益烘托出"四禽兽"的活泼自然。有此胜境,当信"书画同源"之不虚。

南齐谢赫在《古画品录》中提出绘画"六法":一曰气韵生动;二曰骨法用笔;三曰应物象形;四曰随类赋彩;五曰经营位置;六曰传移模写。仰观史老的这幅拓跋,我们可能对"应物象形","随类赋彩"会另有新解。尤其是对参究碑板书画题跋者无异指路明灯,当头棒喝。

跋纹之"象形",当随拓纹之"类",当应拓纹之"物",从而使跋纹与拓纹契合无间,浑然一如,相映生辉,妙造天成!

观先生之拓跋,直使人发见先贤法语中的活的灵魂——"博观而约取,厚积而薄发"(东坡居士);"为五行之秀,实天地之心"(刘勰);"尤工远势古莫比,咫尺应须论万里"(杜工部)——先贤之道,"一以贯之"。相形之下,我等"蜗牛角上做道场"之"阎浮提刚强众生"能不汗颜!

复次,我们一起来欣赏老先生在《宋.鲁柘澄泥圆形砚》上的题跋艺术。拓砚纹分正反上下排列。正面拓纹以淡墨拓出而置其上。恰中秋圆月,影落空潭;似古镜照神,幽玄虚静。底面拓纹置其下。大圈足拓以淡墨,如环似璧。圈足上的三段弧形小支足用浓墨拓出,喻"三生万物",以引地气。更彰"天上""圆月"之空明。如此天覆地载之象,性淡意重,宋人美学之重意跃然。先生跋两竖行长题于"拓纹"右,冲淡、清奇、禅意盎然,恰万丈流泉通天接地,作无琴妙响,奏天籁之音!一张小小的拓片,能让"高天"、"厚地"、"明月"、"空潭"、"流泉"、"天籁"通通具足,非见性者,哪得现这妙明真心。史老先生高乎哉!这是先生甚深禅悟工夫的最好注脚。司空图尝言——"离形得似","乘月返真","流水今日","明月前身"。老先生的"此心"与先贤的"那心"

逾千年而无隙，一般无二、契合会通。有美如斯，其何而不能成哉！

文老上怀下沙老仙翁有三字真经——"正、清、和"——孔子尚正气，道家尚清气，释家尚和气，中华文化之高妙在斯三气贯通矣！史老的书法艺术与跋题艺术就是这"三气贯通"的绝佳模范，有何美而不臻！

昔人陈子昂尝感言："前不见古人，后不见来者，念天地之悠悠，独怆然而涕下。"今年暑期禅修，末学于湖北黄梅四祖寺方丈室，参礼师父上净下慧老和尚的时候，谈到了史老先生。师父感慨良多。师言：史老是他的故交，史老是有真工夫的人。师父还捧起茶案上的北宋建窑兔毫盏开示曰：史老没有走，他给我们留下了这颗心。是的，史老他老人家给我们留下了一颗"竖穷三际，横遍十方"的禅心；为我们留下了一颗"为天地立心，为生民立命，与往圣继绝学，为万世开太平"的拳拳中国心！

"乘之愈往，识之愈真"，"如将不尽，与古为新"。我爱史老先生的书法与题跋，我更爱史老先生那颗涵包太虚、量周沙界的中国心。在史老上树下青先生往生周年之际，末学谨以此文来纪念末学深为敬仰的史老先生，祈愿他老人家乘愿再来，广度有情。

阿弥陀佛！

三宝弟子明德顶礼
2008年10月18日
于北京千佛堂

史老教我学鉴定
——记恩师史树青先生

傅宝世

2007年11月7日下午，我应保定学院之邀作关于《书画辨伪真与假，艺术品投资红与黑》的专题报告。当我讲述恩师史树青先生如何引导我走上书画鉴定之路的时候，手机响了，朋友来电说："史老去世了……"听此噩耗，我顿时语塞，泪水夺眶而出。回忆起我与恩师史老相处的那段日子，那一幕幕难忘的情景又重新浮现在我的眼前……

20世纪80年代中期，我对收藏书画产生了浓厚的兴趣，为了学习书画鉴赏，我结识了史树青先生。1994年9月的一天，我如约携一幅董其昌先生的书法作品来到中国历史博物馆史老的办公室，史老对我这个河北老乡非常热情，他放下手头的工作，耐心认真地就书法的时代风格、笔墨特征、章法布局、款识、印章等对我进行了详细的讲解，并告诫我"学习书画鉴定，必须多读书，多查阅古代文献与著录，多到博物馆，古玩市场转转，看实物、练眼力"。史老虽已过古稀之年，依然思路清晰，记忆力惊人，说古论今之中对各种文物、书画家的前世今生娓娓道来、熟稔在心。

后来，史老利用开拍卖会的机会，多次在预展现场向我传授目鉴书画的绝活，他说："鉴定书画没有眼力不行，一定要多看、多记，眼力是慢慢练出来的。"

在向史老求教的过程中,史老那刚正率直的品德深深地感染着我。有一次,一位画商出高价请史老在一幅画上题跋,史老执意不肯,画商感觉特丢面子,怏怏离去。事后史老讲:"乱给面子,我就会在社会上丢面子。在真假面前,不能说违心话,假的就是假的。"史老这种敢于直言,实事求是的高尚品德一直影响并激励着我。

1922年,史老出生于河北省乐亭县,受家庭环境的影响,中学时他就热衷于书画收藏,15岁那年史先生慧眼识珠,收藏了清末台湾爱国诗人邱逢甲的一幅画,后来作为一级文物无偿捐给了国家博物馆。1945年,23岁的他从北平辅仁大学毕业,在书画鉴定界已然是小有名气了。史老一生为学,投身文博事业60年,筹建中国历史博物馆,征史探源,著作等身,终成文博泰斗。与启功、徐邦达、杨仁恺同为中国四大权威鉴定专家,一生鉴定文物达百万余件,对中华文物的保护与传承可谓是殚精竭虑。

最让我难以忘怀的是:2007年6月20日,我应邀出席在北京举行的《首届民间国宝评审颁奖典礼》,会上我与恩师史老不期而遇。先生是抱病参加颁奖活动的,当我走上前向他老人家问候时,史老意欲起身,我连忙上前扶住史先生,这一情景被现场记者拍了下来,没想到这一镜头,竟成了我和史先生最后的一次见面,成为天上人间永久的纪念。

2007年11月11日

怀念史树青先生

张守中

去年初冬,从《中国文物报》上得知史树青先生于 11 月 7 日逝世的消息,屈指算来先生辞世已越百日。随着戊子新春的到来,我的心情不能自已,不时在思念先生,先生的音容笑貌依然鲜活地浮现在我的眼前。先生工作在京城,而我长期在外地,是文物工作使我和先生结下缘分。先生是一位学者,是一位具有诚挚爱国情操的老一辈专家,我是后学,先生给我最深刻的印象是,他老人家对我们晚辈特别关爱,在学业中不时在热心给我们指导、点拨。

我和先生初次见面并有近距离结识是在 1981 年,是年秋中国古文字研究会第四届年会在太原召开,史先生亲临会议。会期有几天的日程,其间的一个夜晚,香港中文大学的许礼平先生到房间来找我,许先生爱好书画,又是有心人,他远道来参加会议,事先备有精美的宣纸册页,借会议相聚的机会,邀朋友题字留念。我驳不过许先生的盛情,在他引导之下来到了于省吾老先生的房间。于老的住房是有套间的,外间是宽敞的客厅,已有几位资深的学者在座,正和于老交谈,史先生也在其中。笔墨纸砚就摆放在桌上,看来这字不写是不行了。然而当着许多老先生的面操锥,着实为难,无奈之下我只好硬着头皮上阵,我稍作思考,决定用汉隶书体写杜甫的诗句："会当凌绝顶，一览众山小"，瞬间这十个字落在纸上，自己略看全篇，算是没有写砸，随即落款用印。史先生站在我的面前，始终在看着我运作，并且热情予以评论："守中同志的字像是贵妇人"，当时我听了还心中得意，过后思量，史先生的评语，充其量是属于中性。1981年我尚在中年，书写用笔谈不上苍劲，尤其写隶书，本应写出古拙的风韵才是。史先生关心后学，对我作品的评论十分准确，这是对我的鞭策。

  上世纪八十年代末，我整理先祖张人骏家书日记，将近十万字的草书原件，释文、断句、注释难点不少，仅识字一项即问题多多，从那时起我抓紧学认草书，边学边干。两年过去，家书日记原件粗能通读，但留下200多个疑难字不识，向河北省文物研究所孟凡峰先生求教，得以扫清五分之四的疑难字，还剩下40个不识之字，我乘火车赴太原请教山西省博物馆的饱学之士吴连城老先生，经吴先生辨认，又突破30个字的难关，还剩下10个不识之字，算来只占家书日记原件总字数的万分之一了，我想这已无关大局，留作存疑作罢。不想1990年3月河北师范学院邀请史树青先生来石家庄讲学，我得此讯，喜出望外，在3月8日的傍晚，赶往学院去拜望先生，进得校园在林荫道上正巧与先生相遇，原来先生刚刚用毕晚餐，正在校园漫步。先生见到我十分高兴，第一句话就问："带东西没有？"史先生一生热爱文物鉴定事业，走到哪里，就是愿意多看东西，我忙回答："带了。"我随身提包里装的是先祖的家书日记，来看望先生，就是来向先生请教问题的。说话间到了先生住室，略作寒暄即看材料提问题。先生在灯光下仔细察看原件墨迹，凡是能识读的当即作出判断："锒、嚄、名、芝、冶、邨、荄"七个字先生逐一给予解疑，对另外三个字"鼓、郎、孩"似不能确定，留作存疑……先生从书信、日记原件的文义以及字形两方面分析，给我讲解，我意识到先生的判断是有据的。先生深厚的学养、爽快的言谈，令我信服。

先生谈话兴致很高，从家书日记又谈到古文字临摹，对我过去经手的侯马盟书和战国中山国铜器铭文摹本，颇多赞许……这时，屋里已先后进来七八位年轻同学，在等候访问先生，我只得把余下的时间留给他们。我带着材料，也带着丰收的喜悦向先生道别。1993年8月由我编著的《张人骏家书日记》，由中国文史出版社出版发行，当我写信并寄书给先生时，于当年的10月我得到史先生的复函：

守中同志：

久别甚念。

昨接惠寄宏编《家书日记》十分感谢，此书出版对近代史研究贡献甚大，绳武同志序言，尤获我心。

您编校此书，既弘扬祖德，又弘扬祖国历史文化，可谓两兼。原文出版，增重了原件的价值，如斯稀有史料，仍应与国家档案齐观，何日能归博物馆收藏，企盼之至。

专谢，并候

撰安

史树青

史先生的复函，情深意切，言简意赅。对我编校的书颇有好评，同时又为我日后应以怎样的态度，对待过手的珍贵文物史料，指明了出路。先生一生从事文博事业，居高望远，心系国家。先生的思维、言行，实乃我辈后学的表率。

2002年夏，我应商志醰表兄之邀，去北京参加商承祚先生百年诞辰的纪念活动。6月13日上午在故宫博物院，由中国文物学会召开"纪念商承祚先生百年诞辰座谈会"，有史先生赴会，并有慷慨激昂的发言。他说："商锡永先生弱冠年华，编著有《殷虚文字类编》，线装、木刻、精印，由国学大师王国维做序，序中称商君为四位年轻古文字学者之一。述及《殷虚文字类编》书页一侧印有'决定不移轩'字样，钦佩商锡永先生自青年时代即立志于金石学，倾注全力研究中国的古文字……"。那天的会议在一座长而狭窄的房间进行，史先生和我分坐于东西两侧，会上有众多师友热烈发言，席间我不便与史先生交谈，本想会后再向史先生请益，却不想先生会后并未参加招待午餐，在散会后径直离开了故宫。回想五年前的这次会面，竟然是我与史先生的永别。我从事文物事业一生，但我从不刻意搞收藏，如今年届迟暮，清理手边的师友书信，竟然积攒有千封之多。我对史先生的信札手迹，十分珍重。其中1994年10月先生致我的信函结尾有这样一段"……屡拜赐书，无以报雅，谨寄文物出版社近出《中国历代纪年佛像图典》一册，此书前有拙题书名，见其字如见其人，藉作半日面谈可也"。佛像图典一书的扉页另有题记一行："守中同志插架一九九四年十月史树青合什"。呈如先生所言"见其字如见其人"。今日拜读先生的信礼墨迹，不禁悲喜交织，怀念之情由然而生。呜呼！先生音容常在，精神永存！

云山苍苍　江水泱泱
——史树青先生二三事

王本兴

2007年11月7日，我正在烟台参加"甲骨文暨甲骨文书法艺术国际研讨会"，忽然接到了我们江苏省甲骨文学会徐自学会长的电话，告我史树青先生因心力衰竭于当日凌晨1时在北京逝世，同时托我赶往北京送献花圈，并代表江苏省甲骨文学会参加11月15日在北京八宝山革命公墓举行的追悼仪式。史先生的突然离世真是令人十分沉痛！记得去年10月，史先生还偕同夫人夏玫云女士亲临南京，参加江苏省甲骨文学会主办的"纪念殷墟甲骨127坑南京室内发掘70周年学术研讨会"，而且精神焕发，和大家谈笑风生。谁知短短一年后，他竟永远离开了我们。

在我看来，史先生不仅是一位学者，还是一位和蔼可亲的长者。2002年4月26日，因参加在南京举行的"海峡两岸甲骨文书法联展"开幕式，史先生专程来宁并入住斯亚宾馆。每次用餐后，他都要"命令"我将剩菜"打包"带回去，否则就是"浪费与犯罪，非有学养人所为"。他最喜爱吃红烧肉，一次吃不完，就和服务员商量后由其将没吃完的收起来另存，下一次用餐时热一热再吃。

参加活动期间，有一天，我陪史先生去南京古籍书店，他拒绝专车接送，坚持坐公交车前往。在书店里，有一位来自江西的年轻人认出了史先生，恳诚他代为选购一本古帖。史先生经过反复比较、反复挑选、多次砍价，像为自己购买东西一样认真、用心，最后以三千元的价格买下了一本，还在书页空白处签名题字以留念。最感人的一幕发生在参观南京云锦研究所时，当看到织锦工人分层坐在高高的架子上，不停地忙碌着织锦的壮观场面时，史先生感慨万千，还兴致勃勃地当场口占一首小诗，并铺纸挥毫写就。云锦研究所领导为表谢意，欲送一方云锦，史先生严词拒绝，并指着墨迹未干的书作说："兴来命笔，文人雅事，岂可拟似以物兑换？"

每次受邀外出，如果邀请方给他订的是豪华套间，他都会坚持让人退掉，只住普通标准间，饮食上的要求也非常简单。类似的事情还有很多，说起来虽然都很细微，很平常，却足见史先生的气度与胸怀。

1999年，"甲骨文发现100周年海内外甲骨文书法大展"在北京举行。史先生拨冗赋诗，精心为大展挥毫。大展开幕后，他始终坚持在现场，而且在展厅中停留了很长时间，观看甲骨文书法作品，并给观众讲解甲骨文知识。当我陪他在展厅长廊中的椅子上稍事休息时，忽有一位年轻人拿出一本厚厚的书稿，向他请教。年轻人自称是北京某大学的学生，喜爱古文字，还发现用汉字的六书能彻底地解析所有的英文单字，并认为英文字母文字比汉字象形程度更高，更得出了"英文是象形文字，比汉字更好学"的论点。他还举了例子，比如"man（男人）"，"a"等于是人的圆头，大写的"M"是身手分叉，"n"是身下两脚，像人形；再比如"see（看）"，"s"代表人的身体，"ee"代表人的双眼。年轻人声称，经过攻关与努力，自己已完成了有250页之多的《英文说文解字》，并准备出版。史先生耐心地听其讲完，又耐心地看完他的书稿，没有打击他的探索钻研精神，但明确表达了自己的态度与观点：中国的文字，奥妙无穷又深入浅出，从远古到现今，经过几千年的发展与演变，成为当今世界上无与伦比的系统与经典，任何其他文字都无法超越，从艺术的角度看更是独一无二的。英文只是字母而已，不可能像汉字这样博大精深，也不可能像汉字这样具有丰富的意义。所以，汉字、汉文化是中国的国粹，把英文硬拉到"象形文字"上来，本身的路子不对、方向不对，是死胡同。不过，史先生也表明，这是他的个人看法，仅供参考，还让对方不要生气。

2002年10月，江苏省甲骨文学会举办首届"甲骨论坛"，史先生再度来宁，我拿出自己的《甲骨文拓片精选》书稿请教他。他仔细审阅了两个晚上，第三天中午把书稿交还给我，还把有关问题与修改意见写在纸上，并当面作了耐心解释。年已八旬的老人，对学术如此严肃、认真，令我感佩不已。不日，在论坛上，史先生称誉《甲骨文拓片精选》是一件普及、推动甲骨事业发展的"功德无量"的大好事，让我万分感动。

史先生博学多才，始终笔耕不辍，出版了多部学术著作，并在各类学术刊物上发表了多篇学术论文，是一位学术生涯长久、业绩斐然的"国宝级"大师。他的诸多著作，为我们留下了极为丰富的历史、文化、文物鉴定等方面的弥足珍贵的资料。此外，他还将自己珍藏多年的汉铜熨斗、隋大业六年铜佛造像、唐三彩腾字圆盘、明海瑞《草书轴》、清代邱逢甲的《行书诗轴》等一批极富历史价值的文物捐献给国家。

宋代范仲淹《严先生祠堂记》云："云山苍苍，江山泱泱。先生之风，山高水长。"我觉得用此语来形容史先生的高风亮节最为适合、最为贴切。

逝者如斯，而史先生的精神终将长存。

追忆恩师"鉴藏泰斗"史树青

欧阳摩一

前几天的一个晚上,我打电话到北京史树青先生家,往常都是师母夏老师或保姆接电话,可这次却是夏老师的录音:我们在北京,但不在家,有事请留言。当时也未在意,以为史先生又像以前一样去参加鉴宝活动了。谁知两三天后却传来噩耗:我们敬爱的文物鉴赏大师史树青先生已于11月7日辞世了。消息传来,十分悲痛,往日与史老师相处并请教的情景又浮现在眼前。谨写此文,以沉痛纪念驾鹤西去不远的史树青先生。

扬州参会史老只想看文物

收藏界的人都知道史树青先生,知道他不少辨伪识真的的鉴宝故事,但或许对他的为人性情不太了解。2003年10月,南京博物院隆重举行建院七十周年庆典及学术研讨会,史树青作为文博大家应邀参加。前后数天,笔者陪同左右,后来又多次趋前求教,促膝长谈,作为后生晚辈,亲身感受到老人谦虚好学、认真探究的品性和拳拳痴爱文物之心。

史先生国字脸,厚嘴唇,鬓发银白,面色红润,走路有点蹒跚,心脏也有毛病,平时话不多,但精神不减,看到精美的文物,或是遇到对脾气的人,他会两眼炯炯有神,说起话来滔滔不绝。

会议期间，史老只要有空，就去看南博古代绘画馆举办的"庞增和捐赠书画展"，看了多次，每次都兴致勃勃，全神贯注。师母怕他累，劝他不要再看了，他举起一只手说："你不要再说了，不要说了。"又一头扎进那些精品书画里。

会后，南博安排与会专家到扬州参观。到扬州后，本来会务组安排游瘦西湖，但史老不想去。"我想去看看书画文物"。他悄声地和我们说，说完有点顽皮地孩子似地笑了。会务组勉强同意了（主要担心他身体吃不消），我和另外一个同志陪他去看。史老先后看了扬州古玩市场和某文物商店。老人当时已是81岁高龄了，据师母说，来南京的前一天，他还感冒发烧，在医院里挂水，可见当时身体不是太好。但连续看了二三个小时后，连我们这些三四十岁的人都感觉累了，老人却毫无倦意，仍然很有兴致地看书画，看文物，还不时直率地评点，发表鉴定意见。感动之余，我想，也许正是这种对中国优秀传统文化执著热爱的精神，使老人如此迷醉，忘却疲倦和病痛。也正是这种沉醉和忘却，使他记住了该记住的（如他能熟记数千个书画家的姓名别号和艺术成就等），从而达到了学问和鉴赏事业的高峰。

鉴定不摆架子"知错就改"

史老对各类文物都有深入研究，尤为精擅书画、印章鉴定，眼光是很老辣的。在扬州某文物店看画时，有人拿来一张傅抱石的画，据说20年前请北京某著名画家鉴定过，那位老画家认为是真的，并在画幅下方钤上"某某鉴定"印。史老看过以后，认为画得不错，只是款不对，款题中的"甲"、"斋"等傅抱石不会那么写，而且线条也软，少劲道。"这张是假的。但画得是不错，可算得上是高仿了。"史老鉴评道。

史先生是鉴赏大家，同时也是文史大家，但他处处"留意"，每到一处，见到牌匾、楹联、古建筑什么的，他都要看，有兴趣就仔细看，有不明白的就问，丝毫没有什么"架子"。在鉴定时也同样没有权威的"架子"，如发现前面意见有不妥之处，"知错即改"。在扬州某文物店，老人一一看过 200 多张册页和扇面，不时说出精到见解和鉴评依据。但忙中难免出错。有两张民国郑孝胥的行书斗方，史老开始认为是对的。但在看了另一件郑孝胥的条幅（史老认为是假的）后，又仔细看了看那两张行书斗方，摇摇头说："这两张也靠不住，用笔僵硬，有些地方有做的痕迹。这两张也是伪仿，只是做得稍微好一点。"

谦虚淡定无鉴藏界浮躁之气

史老谦虚淡定的心态，还反衬出学术界、鉴藏界某种浮躁的风气。也是在这次研讨会上，有人拿来一张青铜器铭文拓片请史先生看。史先生拿着拓片正在研读，旁边一位先生走过来，只瞄了一眼，估计还没看清，就说了一句："假的。"但假在何处，不言一字，史先生宽厚地笑笑，也不说什么，放下了那张纸。

也是这位匆匆说"假"的老先生，几年后，有人拿出几把有出处且极为精良的楚王剑给他看，他从未见过，隔了几步远，就把那几把剑给"毙"掉了。现在鉴藏界以轻巧地否定器物来标榜自己高明，已不算什么稀奇事了。

史树青先生的赠书

董宝瑞

在我书房的诸多藏书中，有一本20年前史树青先生寄赠给我的《李大钊的故事》，书中夹有一张他寄书时写给我的便信。

祖籍乐亭、一直在中国历史博物馆就职的史树青先生，是当代著名的文物鉴定专家，是德高望重、才识渊博的学者。20年前，我是怎么与他联系上的，已记不太清楚了。在我的印象中，可能主要是为了解与李大钊研究有关的史梦兰所藏的《图书集成》下落事。李大钊在1917年5月23日寄自乐亭的《乐亭通信》记有这样一笔："乐亭史香崖先生，学识渊博，藏书最富，闻有《图书集成》一部。先生殁后，此物辗转易人，现储于邑城某当铺中，渐有散佚。似此巨制，应由公家团体购置保存，补其零头，以备文献之征考，否则宏编巨制，沦为断简残篇矣。惟关心图籍者，留意焉。"当时，我以为史树青先生是表字香崖的清末著名学者史梦兰的后人，不知怎么就跟他联系上了。他很热情地给我回了信，说明他虽然是乐亭人，却非史梦兰的故里旧亲，更非史梦兰的后人。当时，我给他回了一封信，邀请他有机会到昌黎来，一时没接到他的回信，觉得这事也就这么过去了。不想，没有多久，就在我以为他不会再给我回信时，他却给我寄来一本书，并在书中附了一页信笺，云："手示早已收到，由于我们单位最近新建宿舍，分配房子，并因天气较热，昌乐之行拟于秋后或稍迟出发。如能成行，必为先期函告。专谢，并致敬礼！"又附言："《李大钊的故事》，北京书店处理价 0.10 元，寄上一册请阅，太便宜了。"在他所寄的《李大钊的故事》扉页，用钢笔工工整整地竖写有"董宝瑞同志存览"、"一九八五年八月史树青寄赠"字样。

由黄真、姚维斗编写的《李大钊的故事》，是河北人民出版社于 1980 年 1 月出版的，第一次印刷就印了 71200 册，定价 0.50 元。这本书，我早已购买，但接到史树青先生的赠书，我还是很激动。时隔 5 年，《李大钊的故事》在北京的书店尚有剩余，处理成一角钱一本，并不为怪。怪就"怪"在史先生的"天真"、"可爱"。他觉得，这么好的书，才一角钱，"太便宜了"。我猜测，他肯定是购置了两本，一本留作自己收藏，一本"寄赠"给我"请阅"。他可能连想也没有想，我这个"小老乡"是搞李大钊研究的，手头怎能会没有这本书呢！

史先生的题签和便信都是用钢笔写的，很工整，也很见功力。而当时，我并没有因此意识到，他的书法一定不错，大可顺便"索取"一张留念。近几年，几次见到史先生的书法力作，真有点后悔。但细细一想，我手头珍藏史先生这册颇有意趣的赠书，也就足够了。试想，他还会给谁再寄这样一本有多重纪念意义的书呢！

鉴定献宝，与国宝齐名；慧眼直言，留笑颜人间，《国宝档案》为您讲述
——史树青与国宝

王军

2007年11月7日的凌晨，中国著名文博大家、令人敬重的长辈史树青先生与世长辞。然而老人家的音容笑貌却依然浮现在人们的脑海中，因为就是在几个月前刚刚举行的首届中国民间国宝评选颁奖会上，史老先生面对一件件民间国宝，还是那么笑容可掬、精神矍铄。还是让我们通过史老和几件国宝之间的故事，来纪念和缅怀这位一生鉴定了无数国宝的文博大家吧。

自古英雄出少年

史树青，河北乐亭人，历任中国国家博物馆研究员，国家文物鉴定委员会副主任委员，北京大学考古系研究生导师，中国收藏家协会会长，是中国当代著名的学者，史学家和文物鉴定家。

2007年11月7日，史老因病去世，享年86岁。据他的夫人讲，史老两年前就查出了心脏病，可就是这之后的两年，由于中国文物收藏界越来越热，所以史老也就跟着变得更忙了。虽然早已退休，可史老仍然在坚持工作，为文物、为国宝奔波着。

史老一生与国宝结缘，几乎是从童年就开始了，其中有一件国家一级文物不能不提，这就是《邱逢甲行书七绝诗轴》。这幅墨宝诞生于清朝光绪三十四年，也就是公元1908年，它纵164厘米，横

39.2 厘米。书写这幅字的人，正是清朝的义军将领邱逢甲。

邱逢甲，台湾省彰经人，1894 年甲午战争以后，他就在新竹开始训练抗日义军、组织民众保卫宝岛台湾，与日军浴血奋战 20 多日。后来，邱逢甲被迫到广东，开始创办学校、抗日救国，积极支持孙中山的革命斗争，被梁启超称为"诗界革命之巨子"。

《邱逢甲行书七绝诗轴》是他在 45 岁时的作品，坚韧的纸张上，笔锋遒劲有力地写着："夜来忽忆儿时事，海沸天翻四十年"的七言绝句。书写了他爱国爱乡的心情，更成为那段历史中台湾同胞英勇抗日的历史写照。然而，就是这么如此有意义的一幅墨宝，竟是年仅 15 岁的史树青"捡漏儿"捡来的……

史树青 8 岁跟父亲到北京，就读于北师大附中，学校就在琉璃厂附近，放学后他经常会到那儿逛逛。一来二去，史树青就和许多古玩店老板混熟了，熟悉了古玩行规矩，见的宝贝越来越多，他的眼力也慢慢练了出来。中学毕业时，史树青的老师赞赏他："书画常叫老眼花，鉴藏年少独名家。"

古玩行里，把花很少的价钱买到值大价钱的真货叫"捡漏儿"，而《邱逢甲行书七绝诗轴》就算得上史树青捡的第一个"漏儿"。那年，他虽只有 15 岁，却能记下成千上万的书画名家，当他发现这幅写着"邱逢甲"大名的墨宝挂在琉璃厂棚子里没人买时，立刻就出钱买下了这件宝贝，而面对这个少年，老板的出价只有两毛钱。

新中国成立后，中国历史博物馆建成，史树青到博物馆工作，就将这幅难得的书法捐给了国家。之后的半个世纪，史树青为博物馆收购文物，放弃了个人收藏。

"捡漏儿"填补空白

史老的一生都在和文物古玩打着交道，经他鉴定的宝贝数不胜数，"捡漏儿"的事儿在几十年前更是常有。史老晚年，说起一幅画来也是格外自豪，因为这也和他的捡漏有关。

1951年的一天,史树青的小学同学崔月荣找到他,想出售一些书画。崔月的公爹叫陈宧,做过民国的参谋次长,当时有位蒙古王爷赠送了他一些宝物。在崔月荣拿出来的书画当中,史树青看到了一幅成吉思汗的画像。

在这之前,成吉思汗画像仅见一幅,为明朝人仿制的。而史树青发现,这幅画中人物的服饰与《元史·舆服志》中的记载相吻合,很有可能是元朝的画作。二话不说,他立刻将这幅成吉思汗的画像买了下来,后来回忆,当时买这幅画像的价格只有三五块钱。经史树青收购,成吉思汗画像进入了当时的中国历史博物馆,也就是现在的国家博物馆。

1962年初,博物馆请来了3位当时有名的鉴定大家:张珩、谢稚柳、韩慎先对馆藏的全部书画进行鉴定,年轻的史树青就在旁边跟着听。当鉴定到史树青收购的那幅成吉思汗画像时,专家们从画像的纸地、墨色、人物形象、题签文字和用笔等方面断定它是一幅元人的作品,当即就定为国家一级文物。就这样,一幅史树青"捡漏儿"墨宝,填补了中国历史博物馆成吉思汗文物为零的空白,成为现存最早的成吉思汗画像。

为文物"仗义执言"

史树青曾经说过,有价值的文物只有国家才能收藏。可以说,他的一生都在为一件又一件的国宝找归宿。有时候,他甚至还会"替国宝说话",为一些不被人看好的文物仗义执言。

在中国国家博物馆,除了成吉思汗的画像,还收藏有一块成吉思汗圣旨金牌。讲起这件国宝的来历,也和史树青有着不解之缘。

1978年的一天,一个河北人拿着一块腰牌到历史博物馆,想鉴定后卖掉。可是,征集处的人认为腰牌是假的,拒绝了他的请求。这个人拎着个包就要走,正好史树青进来,他仔细打量这块腰牌:银质鎏金,长21.7厘米,宽6厘米,正面和背面分别刻有汉字和契丹文,是一块成吉思汗时代的圣旨金牌。

对文物特别敏感的史树青心中暗自叫好:这可是至今发现的唯一一件成吉思汗文物实品啊。于是史树青留下了来者的地址和联系方式,之后,就开始为这件并不被人认可的腰牌四处奔走起来。后来,他找到了国家文物局的局长张文彬,才最终为这件国宝"落实了政策",将其收购进了国家博物馆。这是继1962年史老为国家征集成吉思汗画像后,他又慧眼识宝,为国家博物馆征集到的第二件,也是至今发现的唯一一件成吉思汗文物实品。

心中只有博物馆

在与史老的接触中,他总是那样平易近人,又那么率真和自然。记得有人曾经和史老玩笑说:"您淘了那么多宝贝,自己没留过几件?"史老听后哈哈大笑:"那是国宝,自己怎么能留,都给国博了。"的确,在中国国家博物馆,史老整整工作了55年。

中国国家文物管理部门规定,文物工作者不能利用职务之便私买收藏文物。在国家博物馆工作了整整55年的史树青,半个多世纪从没搞过个人收藏。退休后,史老最大的爱好就是到古玩市场转转,可遇到自己觉得有价值的文物,老人家首先想到的还是博物馆。

在中国国家博物馆,收藏着不少史老捐赠的文物,而且它们已经在这里落户半个世纪了。比如一柄铜熨斗,就是1958年,史老捐赠的一件西汉时期的青铜器。它通长36.4厘米,柄长21.5厘米,有意思提,这件熨斗的器柄上有刻度,是一件难得的日常用品,对后人了解中国西汉时期的度量制度有很大的价值。

另外一尊中国隋代的鎏金佛造像也是当年史老捐赠的。形象古朴的佛像,通高7.8厘米,虽然佛像面部、头部及衣纹磨损,但它在背部仍有题字,证实它为大业六年所制作,距今已有1400多年的历史,也是一件难得的国宝。

退休后发挥余热

在博物馆工作了半个多世纪，面对文物，史树青一丝不苟又不辞辛劳。2002年8月15日，是史老人生中最难忘的一天。那天，中国历史博物馆举行了"庆贺史老八十大寿暨参加文物工作五十五周年"的活动。一周后，史老便正式离休了。

　　人虽然离休了，可史老对文物热爱却依然如故，依然活跃在文博界。《国宝档案》栏目从2004年开播至今，作为特约专家顾问的史老一直给予很大的支持，因为在他眼里，"《国宝档案》的节目很重要，要让大家永远都记住我们国家的宝贝……"

　　为了弘扬中国的传统文化，2006年，《国家档案》和中国抢救海外专项基金举办了收藏年会。虽然当时正值冬日，史老的身体状况也不理想，可他依旧坚持到会，笑容满面地和文博界的专家、朋友们谈论着国宝和文物；2007年，《国宝档案》参与中国首届民间国宝评选活动的报道，史老再次担任嘉宾及重量级的评审。

　　史老的夫人夏玫云告诉记者，史老生前对文博界有很多心愿。他曾经说过，特别想再去台北故宫看看那里的书画珍宝，也希望海峡两岸的文化交流能够更进一步，两岸故宫的国宝能跨过海峡早日团聚。

史树青的故乡情怀

徐兴信

2001年我出版散文随笔集《乐亭散记》，寄赠给一些在外的乐亭人，其中包括全国文物鉴定委员会副主任史树青。我只知史老大名，与他不相识，但很快收到他的回信，原文如下：

兴信同志：

上周寄赠大作《乐亭散记》，已经拜读，并细读一遍。内容丰富，描写入微，读之动我怀乡之思。

"少小离乡老大归"，何时能完成宿愿耶？我已年近八旬（1922，8，16生），仍照常在历史博物馆上班（终生不退休），虽数次向领导请退，迄未得到批准。从1947年至今，未离博物馆工作。按人情说，应参加胡耀邦同志赴乐亭机会随行，更好地完成乐亭文化建设事业、李大钊同志纪念馆陈列工作。终因工作太忙，未能做到。胡耀邦同志长子胡德平原任历史博物馆副馆长，因此我与耀邦同志过从较密，许多耀邦诗词作品，多经我阅看，讨论历史、艺术，比较随便，可惜斯人已逝，无可奈何！全国政协委员（第七、八届），应是胡氏推荐，亦是值得感谢的。

您作为县政协主席，多写些有关乐亭人民关心的事（生活、生产、文化、历史）是很有贡献的，我是乐亭人，应向您感谢。专此，

并致

敬礼!

　　　　史树青

2001.3.5

另寄拙作《书画鉴真》一册,请正。

信中流露出史老读了有关家乡情况文字的激动心情——十几万字的书,年高事忙的史老,竟"细读一遍","读之动我怀乡之思",我读着深受感动。

信中谈到与胡耀邦同志的关系,谈到李大钊纪念馆的陈列工作。原来胡耀邦同志1984年到乐亭视察(在乐亭县政府招待所住了一夜),作为党中央主要领导人第一次详细谈到建设李大钊纪念馆的事,看来与史老不无关系。反映出从小离开家乡的史老,多么热爱家乡,热爱李大钊。

2002年,我组织搜集整理出版《乐亭大鼓书段集锦》,打电话告诉史老,希望他题写书名。他愉快地答应,边听电话边用笔记下书名,细问了编印情况,并告诉要给我题写一首诗。说写好就寄给我。很快,就收到了他题写的书名和题诗。题诗寄来两首(各一张笔迹),看来是写了一首不太满意,又重写一首,对个别词句进行了改动。史老对家乡文化的真诚热爱和关心,使我的心情久久不能平静。

我选了一张笔迹印在书上,文字如下:

鼓词有集锦　多赖君集成　还乡我是客　唱与乡里人

短句奉题

　乐亭大鼓书段集锦即希

　兴信先生雅鉴

　　　　　　　　　　二〇〇二年八月　　史树青

吊国宝大师——史树青

峰梅

史老辞世，不胜哀痛；一生绝学，文博建功；
筹建国博，事业甲重；历行海外，探源史征；
著作等身，泰斗终成；文博文献，无人不清；
目录大家，一代精英；抢救文物，保护一生；
无以计数，风范扬名；流失海外，牵念始终；
文物于心，中华扬弘；念念在兹，在天之灵；
民间收藏，事业大成；不遗余力，鉴宝硕丰；
披沙拣金，民藏之中；文物传承，竭虑殚精；
风范难得，所藏颇丰；为国为民，藏而为公；
藏品无数，捐献国宫；俯仰无愧，倏然仙成；
国文博界，损失巨增；一代大师，仙鹤西行；
呜呼史老，冥冥之中；国宝归天，谁人不惊？
我心实痛，病危不幸；史老有灵，享我汤羹！
大师绝学，高屋建瓴；几次造访，得益非同；
记忆犹新，如昨日同；心腹感受，肝胆伤情；
师藏绝学，恨我未成；欲哭无泪，国失博英；
天下若闻，人岂不痛？吊我史老，藏界天灵；

今后收藏，孰为鉴定？吊我史老，文物界蒙；
天界虽归，魂仍有灵；从此天下，眼学失宠；
今国失宝，如大厦倾；备失诸葛，太宗失征；
文博臂膀，何寻其能？仅此吊祭，略表心灵；
呜呼哀哉，我心实痛；思潮起伏，呜呼哀鸣；
呜呼痛哉，尚在音容，伏惟尚飨，呜呼哭声！

2007年11月13日

"二刻"情缘
——再晤鉴宝大师史树青

李洪甫

阳光卫视续写"二刻"情缘

2007年3月10日,我接到连云港市委宣传部办公室主任张孝昌同志的电话:国家文物鉴定委员会副主任史树青先生将由香港阳光卫视《人物志》摄制组一行陪同来连,客人们提出要我接受采访。

阳光卫星电视有限公司是香港联交所上市阳光文化网络电视有限公司的全资子公司,阳光卫视通过亚洲卫星3S星,以数码不加扰方式传播。阳光卫视历史台自2000年8月起向亚太地区提供高素质的历史传记电视节目。早在2000年,阳光卫视的华人收看户数就已超过3500万户,高达1亿观众人口。阳光卫视正热播的《中国历史文化名城》使它的覆盖面大幅度地扩大。

《人物志》节目将辑录古今中外一千位名人传记,以不同国家、不同时代的热点人物为线索,用纪实手法串起一部人类发展的精神史。选择对演艺巨星、财务塔尖、政治风云人物、艺术天才等备受关注的名人入手,构架一部全方位的传奇史书。从林肯、牛顿到毕加索、莫扎特;从大卫、拿破仑乃至"大力神"……客观冷静地评论每一位名人,每一部片集都是一次对人物内心世界的深入探索。

以深度广度见称的《人物志》,屡次荣获世界电视最高奖——

艾美奖，一直被视为最佳纪录片系列。史树青先生能够入选，证明了他的学术地位，更证明了连云港孔望山造像和将军崖岩画这两件国宝巨大的文化辐射力。我为史树青先生荣幸，为连云港荣幸。

阳光卫视在北京史树青先生的家中已经作过采访，双方都认为：需要到连云港孔望山现场，并要我接受补充采访。

20年没有见面了，我在兴奋中等待着。

3月14日晚9时，我和宣传部的李锋古副部长在云台宾馆大厅的雨篷下迎候。车门一打开，树青先生居然能一下子认出了我：

"洪甫，洪甫！胖了点。要不是洪甫，我来不了连云港，也发现不了'二刻'国宝。"望着树青先生那慈祥的面容，我陷入回忆和沉思。

"二刻"情缘从无锡开始

3月15日下午，我在摄制组安排好的灯光布景前，把编导和主持带回到27年前……

1980年5月，国家文物局、中国历史博物馆在无锡市近郊的无锡宾馆召开了文物鉴定工作座谈会。

江南初夏，绿叶肥硕，新果飘香。来自各地的鉴宝人在花影摇曳的明窗净几间，数说着自己的鉴宝经历和最新发现。

介绍主宾时，我听到了一个确实让我如雷贯耳的名字，同时，我看到，席间立起了一位脸上绽满笑容的北方大汉，饱满的前额下，细眉亮眸，他就是享誉国内外汉学领域的文物鉴定学者——中国历史博物馆副研究员史树青先生。

偕同史先生到会的还有中国历史博物馆保管部主任姚立信、国家文物局流散文物处处长刘东瑞，还有那位出身于琉璃厂古董行的"望气派"鉴宝专家石志廉——都是文博界的泰斗巨擘。

会上，我们都喜欢听史先生谈鉴宝的故事，讲他如何用2角钱在前门买到一张台湾诗人邱逢甲的行书立轴；如何与王世襄先生合伙用 5 块钱在一家凉粉摊上买到一只明代宣德青花瓷盘,如何鉴定成吉思汗的圣旨金牌,如何在真赝混杂的琉璃厂赢得"鉴藏少年独名家"的美誉……

我不顾及自己在此次会上的小字辈身份,冒昧地追随在史先生的座侧身后,讨教的话题漫无边际——从商周鼎彝到明清官窑,从先秦金石到晚清馆阁,从宫廷绘画到市井民谣……

他那不乏乐感、浑厚而纯正的"京白",有着难以抵挡的磁性引力,十天的无锡客居,我没有沉醉在太湖五月的花香以及江阴黑米酒的醇香里,却因为史先生手持件件国宝穿越历史隧道的睿智以及伴随着他一双慧眼的传奇经历而倾倒。

无锡市文物商店多次敦靖与会代表,主要是史先生去鉴定他们的收藏。我自命为了"开眼",跟在史先生的身后,走进戒备森严的珍宝库房。

树青先生看画,其敏锐和迅捷,堪称一绝!他对上万个书画家的名字、别号、书斋称谓乃至简单的生平,了如指掌。对历朝历代的纸张、绢品、大小名家的印章布白、署名字体的风格习惯,也如数家珍。所以,大部分字画,还没有完全打开,他就说:"卷起!假的。"而看到一幅名人真迹,则讲述背景,评判优劣,数说轶事,娓娓道来,口若悬河。说到兴浓之处,他很实在地对我说:"我可以记一万个书画家的名号!所以,我要求我们馆里的年轻同事,想要做鉴宝的学问,至少要能背出 5000 个人名。"

当天晚上,我们通过树青先生鉴画的慧目,近距离地触摸到祝枝山、侯朝宗、王文治、曹鸿勋等书法家的心扉,也体悟了仇英、董其昌、郑板桥、龚贤等人绘画作品的艺术思维。

阮大铖送给马士英的一块佩玉被树青先生从几百件玉雕饰件中挑了出来,玉质、雕工皆皆极其精美,并镌有阮大铖的名款。我们被带到风雨飘摇的 300 年前的南明朝代,亡国的哀怨之音萦绕江南,曾因依附魏忠贤而臭名昭著的阮大铖，招纳游侠，被"复社"士子"揭逐"。马士英秉政南明小朝廷时，阮大铖又附马而官至"兵部侍郎，旋进兵部尚书"，一朝得意，"重翻逆案"。最终，竟然投降满清，从军攻伐……

这块晶莹温润、玲珑剔透的和田玉，见证了阮大铖攀援权贵、追腥逐臭、为富不仁的丑容恶面。

会前餐后，我利用各种空闲，与树青先生攀谈。

1959年，毛泽东主席说："海瑞为官清廉、惩治贪官是为榜样"。为了响应开展反对贪贿的号召，中国历史博物馆要在通史陈列里充实海瑞的史料，树青先生负责文物的鉴定和征集。在鉴阅梁启超送给梁思成和林徽因作为婚礼的海瑞手书长卷之同时，又将父亲珍藏的一幅海瑞的行书立轴捐赠给中国历史博物馆，并在天安门广场东侧的展览大厅里陈列。他没有想到，6年后的一场席卷全国的政治大风暴，让史先生及其全家遭遇了一场大难，树青先生被隔离审查之际，史夫人被通知到居委会开会。主任在会上旁敲侧击：

"今天在座的人中，就有反革命家属。"

史夫人如见天塌，开完会，一根细绳，吊死在自家的四合院内，遗下幼子少女，日夜翘盼着树青先生回家。

望着树青先生凄楚的面容，怕他过分伤感，我顺着海瑞书法的谈资，移开话题：

"史先生，连云港也有一张海瑞写在赵孟頫百鹿图上的题跋。"

"啊！"树青先生惊喜地睁大了眼睛。

我趁机劝请："连云港的文物很多，也有特点。特别是被方志记载的孔望山造像，体量大，反映的内容很复杂，至今尚未考释清楚……先生能否在返京途中经徐州时向东拐一拐？"

"好啊！"

海州"二刻"，宝光大放

6月2日，我陪着树青先生来到孔望山造像前。穿着短袖衫还习惯地摇着纸折扇的史先生，举起一双单眉细眼，审视着造像群中的每一位成员。

突然，他将展开的扇子拢起，继而在手掌上一拍，指着造像群中最上方的一尊坐像：

"那是西王母子！"

语音激越、兴奋、感叹。

此前的1977年，我于《江苏文博通讯》刊文论证孔望山造像的时代，从内容中寻觅汉代的世俗生活背景，明知西王母是汉代宗教信仰中的"天上总神"，却从没有想到孔望山造像中会有西王母的身影，更没有想到她会端坐在这群造像的正中最高处！

我正陷入沉思，树青先生又将扇子一拍，道出一句在中国石窟寺艺术史上深具"划时代"意义、堪称是震世骇俗的判断：

"这里有佛教内容！"

字字千钧！在场的所有人包括北京来的客人，一齐向孔望山的这堵小山坡投过去惊诧、欢欣、震撼的目光。

"？"、"哦！""好！"

依照中国考古学的传统观念，佛教图像传入中国的时代当在魏晋，上限不可能追溯到汉代，此为毕生从事佛教图像考古的石窟寺研究权威以及《中国考古学》教科书中相关结论里反复强调的，仅管在四川麻壕汉墓以及新疆克孜尔石窟寺中发现有佛教内容，但材料零碎或已经泯灭，很难提出不同的能够成立的辩证。

而今，在离西域更加遥远的东方海滨，会有如此大面积、大体量的含有佛教内容的汉代摩崖造像群被保存下来。岂非天方夜谭？

有人向史先生投过去悬疑、质询的目光。

可是，咬紧厚厚嘴唇的树青先生斩钉截铁：

"有！有佛像！不容忽视！"

怀着新发现的喜悦以及再有发现的盼望，我陪着树青先生来到锦屏山另侧小腰山的将军崖，那里有与桃花大队农民以及磷矿工人共处多年的石刻，文物普查中引起了考古人员的注意，但它的时代和内容，存有许多难以诠释的疑问。

真是无独有偶，在将军崖伫立片刻之后，树青先生又习惯地将扇子一拍：

"这是岩画！"

就这四个字！将军崖古刻的时代乃至主题的原始性质被和盘托出！真乃"四两拨千斤！"

其后，虽然有学者给它的断代是"先秦到两汉"，省文管会还将刻有"约当于夏"的保护牌在将军崖下昭示多年，我还是根据树青先生这四个字的提示，在《光明日报》和《文物》杂志上刊文详论将军崖石刻是原始社会遗迹。最终，这一断代被国务院公布将军崖岩画为全国重点文保单位时采用。

为了进一步论证新发现的这两处国宝，也为了完善它的考古调查成果，连云港市博物馆根据树青先生提议的名单，分别给各个学科和专业的专家们发出了邀请。不久，锦屏山下，群贤毕至，贵宾咸集，无数学者竞相观瞻。

中央美术学院美术史系主任金维诺教授、汤池教授来了；北京大学考古系主任俞伟超教授来了；故宫博物院佛学家步连升研究员来了；中央民族学院美术史教研室主任陈兆复教授来了；龙门石窟研究所所长温玉成研究员也来了……

1981年4月3日，位于五四运动发源地——原北京大学红楼的国家文物局4楼会议室，一场集中了中国第一流的考古学者，就石窟寺艺术和史前艺术两项重大的学术课题展开了激烈的辩论。

北京会议之后，相关海州二刻——连云港孔望山与将军崖的文章堪称铺天盖地，遍及《人民日报》《光明日报》《中国文化报》《文物报》《文艺报》《新华社通讯》《今日中国》《中国建设》等国内各大报刊以及日本的《著作年鉴》《每日新闻》《朝日新闻》瑞典的《旅游》画报，俄罗斯的《文学报》……日本汉学家宫川寅雄也写来一份深表关注并提出论证推断的亲笔信。

1981年4月4日晨6时30分，中央人民广播电台在新闻联播节目里播出了连云港的重大考古发现；4月6日、4月8日，《人民日报》分别以整版的篇幅刊出了"海州二刻"的图版和说明；4月27日，《光明日报》又刊出了我的《将军崖原始社会遗迹》，重申了将军崖岩画的原始属性；1981年第7期《文物》杂志选用"海州二刻"为主题，相关连云港的文物论证，连篇累牍；继而，文物出版社又正式出版了"海州二刻"的研究专著。

国内外第一流的学者和专家向"海州二刻"倾注了极大的热情，中国历史博物馆、北京大学考古学系、国家文物局古文献研究室等第一流的学术机构将"海州二刻"列为重大科研项目而投入人力和资金。

1988年，中华人民共和国国务院总理办公会议通过了国家文物局关于公布第三批全国文物重点文物保护单位的报告，东汉孔望山造像、原始社会将军崖石刻榜上有名。

"二刻"文化，如山花烂漫

为了进一步论证孔望山造像的时代，以确认它的国宝价值，接受第三批全国文物重点文物保护单位名单的评选和论证，1987年，连云港市博物馆与市社科联合作，在连云港友谊宾馆召开了孔望山造像学术研讨会，中国社会科学院、中国艺术研究院、北京大学、国家文物局、文物出版社、故宫文物院、中国人民大学、敦煌艺术研究院、南京艺术学院等56个单位的70多名代表出席会议。

会议筹备之际，我再次赴京，催请树青先生写文章，史先生诚恳一笑：

"有这么多人在热情地写,太好了!不需要我再写了。我就是想多看到文博界有更多这样的热闹。"

最终,由于我多次的请求,树青先生答应为讨论会的论文集写一篇序。

我因此而想到毛泽东"咏梅"词里的一句话:

"待到山花烂漫时,她在丛中笑。"

树青先生的笑,都写在那篇序里,1000多字的序,先生用工整的楷书,一丝不苟地誊写工整,令我万分感动。

在北京逗留期间,我要请树青先生到王府井一家饭馆吃饭,先生说:

"我们历博的食堂很好,我这里饭票很多,我请你在食堂吃。"

"我们博物馆请您。我现在是馆长。"我执意相邀。

"好!"树青先生犹疑了片刻,站起身:"我领你去一个好地方。"

结果,我随着树青先生来到东四百货商店门前的一家饼子店,以每人1元5角钱的消费,请树青先生吃了一顿饭。

吃完了饼子,树青先生带我去他的家——东堂子胡同里的一幢小巧的四合院喝茶。

说是四合院,由于对他"落实政策"的进展太慢,树青先生只有堂屋东间的居住权,数万册图书,其中不乏有宋、明原版初印的善本书只能十分委屈地"挤"作一堆。而且书房的功能与起居、餐饮、会客合而为一。

望着先生脸上那灿烂的笑容,我知道,他的居室再小,胸膺间也会无比的博大,正如他多次为国家、为人民鉴识、捐献、发现过无数的文化财富,为中华民族的文化建设作出了巨大的贡献,给予自己的,却是本分、逊让以及多方面的低调。他的一次连云港之行,在这块"僻在海隅"的土地上,一下子拂去蒙在两处全国重点级国宝上的历史尘埃,霎时间,连云港成为中外文化新闻的焦点;几乎所有的考古学界、艺术史界的大师接踵而来；从此，连云港在全世界的文化地图上，镌下了两道腾越时空的刻痕……

然而，为了实现这一切而摇着纸扇登高一呼的史树青先生，愿意接受的"馈赠"却是北京街头那最为普通的芝麻薄饼。

厚重的是，史树青先生与海州二刻相知、相识的情缘。

十年前初夏的那次聆听

贾靖宏

得知史树青老先生去世的消息，我忍不住潸然泪下。史老是我的乐亭（属河北省唐山市管辖）同乡。作为一个记者，我曾多次采访过他，亦曾多次聆听他在文物鉴赏方面的课徒讲座和解说。最让我难以忘怀的是他为我详细解读乾隆手迹《素尚斋诗轴》的情景。

那是十年前初夏的一天，我的朋友、广东肇庆收藏名家钟汝更给我打来长途电话，非常兴奋地告诉我，他收藏的《素尚斋诗轴》被史树青老先生鉴定为"乾隆御笔真迹"，且是"书写在北宋经文纸上，堪称稀世珍品"。他还心急火燎地让我赶紧去采访史老，听听他是怎样阐释乾隆的这件手迹的。

史老善诗文，精古文物、字画鉴定，当时所担任的社会职务非常多。我深知他的时间宝贵，而且身体状况也不是特别好，所以真有些不忍心去打扰。不过，朋友嘱托实在无法拒绝，而且我对这件"乾隆御笔真迹"也挺感兴趣，思忖再三，我还是拨通了史老家的电话。在电话里，我跟史老的夫人夏玫云教授约定，星期日晚上8点到府上拜访。

那天，我怕叨扰太晚而影响史老休息，就提前一个小时到了史老家，结果老两口刚从外面回来，正准备做晚饭。我便一个人坐在沙发上，一边喝茶，一边打量着他们居室，心里想：两位老知识分子的生活如此俭朴，还真有点儿与当前的潮流不太合拍呢？他们好像看出了我的想法，没等我开口就异口同声地说道："工作太忙，事情太多，实在顾不上。"史老还补充道："对于我们这代人来说，日子过得越简单越好。而从这一点说，新近在肇庆发现的乾隆《素尚斋诗轴》恰恰对我们也是一个启发，想不到乾隆皇帝也这样提倡节俭。他这首诗的中心思想就是倡导理政治国要'俭朴'，要'顺应自然规律'。"

据史老鉴定，这件《素尚斋诗轴》完成于乾隆二十五年，即1760年，诗文见于《御制诗三集》卷七。史老对我说，乾隆一生作诗达两万余首，其中当然不乏别人代笔之作，但这首《素尚斋诗》写在稀有的宋版经文纸上，很不一般，而且书写工整，钤印审慎，绝非信手而为。而且，借物抒怀乃乾隆所长，所以这应该是"乾隆御笔真迹"。

"素尚斋"建于清初，坐落于中南海瀛台淑清院中，是乾隆当太子时读书的地方。诗中所谓的"创尧年"（诗的全文是："古屋创尧年，奎文宝构悬。理参崇朴趣，治觉返淳贤。甄性神明境，陶情翰墨筵。淑清此埏埴，终是逊天然。"），既有古老之意，也有崇敬"尧舜"之意。当年"素尚斋"中陈设十分简单，作为一位贤明的君主、一位有作为的政治家、乾隆登基后仍住在那里，依旧十分俭朴。"理参崇朴趣，治觉返淳贤"，正表明了他政治上的开明进取、审时度势，能顺应自然规律。当年，乾隆在自己古老俭朴的书房中触景生情，因有此律诗，抒发了自己政治上"崇朴"、修养上"返淳"、性情上向往"天然"的情怀。第二句中的"奎文"，可能指的是康熙帝的大字匾额。第六句中的"筵"是一种席，即"席地而坐"的意思。末两句中的"埏埴"指的是土坯，也就是说在土坯造的房子里虽然感情清雅淑静，但终究还是不及"天然"之趣。

听到史老的这些讲解，我连连点头，对他的博学感佩不已。他说这件诗轴书写端庄、秀丽,字体圆润,行笔流畅,既承袭了唐宋书法大家的传统,又独具风格与神韵。他还特别指出,乾隆的诗文写在了宋朝开宝年间宋太祖赵匡胤钦命印制的佛经纸的背面,这让诗轴更显珍贵。赵匡胤崇佛,曾下令雕刻大藏佛经,广为传扬,并命令臣下精选当时就十分稀有珍贵的"细麻纸"作为印经专用纸。书写《素尚斋诗》的这段经文纸(经文印刷精美,仍清晰可辨)比乾隆诗稿还有价值,对现在研究古代的印刷术和造纸术都极有帮助。

老人还非常高兴地告诉我,通过对这件文物的研究、考证,他还有一个重大收获,那就是校正了流传下来的光绪年间版本的《乾隆御诗》中的两处错误:"理参从朴趣"应为"理参崇朴趣","终是逊尺然"应为"终是逊天然",而这个校正对清史和乾隆帝本人的研究都很有意义。

时间过得飞快,不知不觉已是 10 点多了。我不得不起身告辞,但我觉得我跟史老都有一种言犹未尽的感觉。看到我站起身,史老还说,这件诗轴既罕见,又珍贵,其历史、艺术和科学上的三重价值,他还要进一步研究下去。

临别之际,夫妇二人还再三嘱咐我,一定要告诉钟妆更,让他好好珍惜、保护这件"稀世珍宝"。

感念史树青

刘晓燕　姜志茹

作为年轻的一代，我们对于史树青这位"老人"并不熟悉，甚至没有正式的作过一次交谈，所有的了解全部来自材料介绍。但对史老却又总觉得很亲切，眼前时时浮现他那方正的脸庞、慈祥的面容、银色的头发、自然流露出的乐亭乡音。当2007年春节从电视上赛宝大会最后一场看到他的身影，听完他对赛宝大会的祝愿时，我们向家人介绍了史老是乐亭汤家河史庄人，中国国家博物馆研究员，中国文物鉴定界国宝级人物的身世。

认识史树青更多是通过他参观李大钊纪念馆时留下的一幅幅光彩照人的照片形象。

家永远是游子的根啊！2003年8月，史老偕老伴回到乐亭汤家河老家。八十岁高龄，怀着对故乡真诚的思念，回到了生他养他的地方。他无声无息地走来，又悄然离去。临走之前，带着老伴到县城参观了李大钊纪念馆。当大钊馆工作人员认出他时，他示意大家不要惊动领导们，他随意地解释说，只是带老伴过来看看，让他们来了解了解家乡的伟人，学学大钊的事迹和精神。

按着他的意思，讲解员陪同他参观了整个展览。参观过程中，老人家走得很慢，听得很仔细，看得也很仔细。话不多，偶尔一两句询问或交流。临走的时候，一再向讲解员表示感谢。当讲解员请老人家留下墨宝时，他很谦虚，只是在留言簿上郑重的写下了自己的名字。工作人员不失时机的拍下了这一历史的瞬间。

　　对于大钊馆的筹建，史老是有很大贡献的。家乡人们总是感叹他对大钊的敬仰与热爱。特别是李大钊纪念馆展厅里展出的史老当年无偿捐赠的一册《初期白话诗稿》，成了历史的见证。

　　《初期白话诗稿》是中国史坛开白话诗先河之作。为北京大学著名教授、白话文的倡导者之一刘半农1933年集印出版，当时也只印了一百册。《诗稿》影印了李大钊、陈独秀、鲁迅等八人的二十六首白话诗作。随着时代的嬗变，大部诗稿原件已荡然无存，所以这部书稿就显得弥足珍贵。值得一提的是，李大钊的《山中即景》被列为开篇。正如刘半农先生在序言里所说的"李守常先生不大作诗，亦许生平就只作过《山中即景》一首……李先生已在六年前作了牺牲……诗稿就愈显珍贵了。"这样珍贵的一本书去哪里找呢？何宗禹、裴宪中老师了解到北京鲁迅博物馆藏有这样一本书时，便急匆匆地赶赴那里。该书已经被鲁迅博物馆作为国家一级革命文物予以收藏。这么珍贵的文物，不用说转让，即便是要求复制当时也费了很大的周折。当何宗禹老师和鲁迅博物馆的领导谈及复制这一诗稿的具体想法时，几经磋商，最后终于同意了所提复制要求，但条件是必须由鲁迅博物馆的工作人员亲手进行找人操作，所需的人工、劳务、交通等各项开支，均需由大钊馆负担。

　　就在决定复制《书稿》的具体运作过程中，何宗禹老师到北京史老家中拜访，向史老讲述了这件事。史老听后，认真地想了一会儿，高兴地说："不用去复制了，我家有一册，那就献给纪念馆吧！"随后，终于找到了这本书，献给李大钊纪念馆。

　　2007年11月7日，老人安祥地与世长辞。但他那感人故事与高洁的人格风范，却永远被家乡的人们传诵着。

追忆史树青先生

韦君琳

晚上翻看《人民政协报》,一行粗黑体字的标题《文博大家史树青走了》闯入我的眼中,我赶忙认真地将这篇长达四千余言的文章读了两遍,这才真正相信史树青先生已于11月7日在北京病逝。我一夜辗转难眠,他肃穆而又慈祥、憨厚而又朴实的形象,清晰地在我脑海里显现。

很早以前,我就在《文物》《考古通讯》《美术》等刊物上拜读过他的论文及有关中国书画鉴赏方面的文章,其独特精深,让我仰慕已久。

1996年金秋,我赴京参加中央文史研究馆举办的馆庆活动,在中国历史博物馆展厅内与史先生邂逅,他身材敦实,着灰色中山装,双手后背,仔细而又认真地观看着每一幅书画作品,少言寡语。当看到他觉得满意的作品,立刻驻足颔首,嘴角流露笑意。当看到欠佳的作品,如题款、铃印不规范,构图、设色不美,他即毫不客气地指出,也不是乱批评一通,而是讲出个子丑寅卯来。听他那坦诚的点评,对我这个初习中国书画的人来说,从中受惠多多。后在我的要求下,他毫无大家之派,谦和地同意我和他在门前拍了张合影。一面之交,给我留下了极其深刻的印象。

时隔一年,又是金秋。我到安徽省博物馆参观馆藏文物,在展厅里忽然发现一位既熟悉又陌生的身影,难道是史树青先生?我正在迟疑。只见他朝我走来,"韦君琳,怎么不认识我了?我是史树青。"我羞愧得脸发烫,赶忙上前,恭敬地说道:史老,果真是您!您老的记性真好,您还能叫出我的名字,不得了,不得了!他拉住我的手笑吟吟地说:你怎么也不想想,我是干什么的,干我们这一行的记性差能行?这时,我突然想起在京时就有人告诉我,史老自己说"记不住5000个人的名字,就别吃鉴定这碗饭",当时我半信半疑,眼下我是真的佩服面前这位长者过目不忘的本领。看完展览,他约我晚上到他住的地方聊聊。遵嘱,吃过晚饭我即带上拙著和炜儿去拜访史老。见面后,少客套,互致问候,略谈近况。他接过我递给他的《钱君匋艺谭》。我简单地讲述了编著该书和自费为恩师出书的甘苦过程后,史老说他认识钱君匋,并夸他多才多艺. 也是一位收藏家,收藏的东西很上档次等等,尔后又就眼下学术著作出版难谈了自己的见解。他告诉我,他最近出版了一本《书画鉴真》,待回京后给我寄来。一言必信,行必果。很快我就收到他签名寄赠的大著。33万余言的论述,我花了一周的时间拜读完,获益匪浅。后来.我准备出版一本百梅画集(即和友人合作),想请史老加盟,致信不到半月,即收到他专为百梅画集赋的诗。诗写道:寒梅得意占群芳,今见写生客满堂。迎来佳士多健笔,漫劳车马笑人忙。君琳先生首写红梅,征同人续成。继陈叔通,谷牧二先生故事编辑为百梅图,亦艺林佳话也. 小诗赞之,即希吟正。1999年元月史树青拜稿。我欣喜,有点受宠若惊,便急急复信致谢。今年国庆前我到北京,本想去看望他老人家,当听说史老身体不适,不便打扰,我也就打消了这一念头。心想,等他康复后再去拜访。谁料这竟成了憾事。

文博界失去了一位大家,我亦失去了一位尊敬的师长。眼里饱含泪水。凌晨起床,写下了这篇与史树青先生交往过从的短文,以寄哀思。

2007年11月29日

最后的探访

曹建忠

史树青先生故去,我们又失去了一位国宝级的文物鉴定大师。

史老住院期间,笔者征得史先生家人的同意,于 10 月 26 日到病房探望了史树青先生,并与老人进行了长时间交谈。当我们还在为老人爽朗的笑声感到欣慰时,不料 10 天之后,老人溘然长逝。

据史老的儿女介绍,这是史老生前最后一次接受媒体采访。

听说史树青先生病了,10 月 26 日,一个浓雾的下午,便约上朋友专门去医院看望老人家。

北京阜外医院重症监护 2 层 7 号病房里,史老正坐在病床边用晚餐,看得出老先生精神尚好,儿女们都在病房里陪伴着老人。我是第一次拜见老先生,素昧平生,赶紧自报了家门,说是代表《中国收藏》杂志专程来探望他。老人客气地说感谢。史老的女儿说,最近老人身体不适,10 月 6 日住进医院,从急诊转到病房再到重症监护,已在医院住了 20 多天。

陪老先生聊天中,我特意说我是南开大学毕业的,老先生一下子兴奋起来,"我还是南开大学的客座教授呢,你学什么专业的?听过我讲课吗?"我赶紧回禀老人,我就是文博专业的学生,可惜予生也晚,没赶上老先生在南开传道授业的时候。老人满怀深情地回忆起那段在南开的岁月,随口说出当初他学生的名字。他的学生中,有好几位就是教我的老师。史老先生是我真正的太老师,惭愧的是,当初老师教的东西,十多年时间都被我差不多忘光,在这位太老师面前,真的让我汗颜,"战战悚悚、汗不敢出"当初看《世说新语》,对这话还不能理解,这下真是亲身体会到了。

正自惶恐间,老先生又问:"你毕业论文做的什么题目?"我知道,老先生这句话暗含着考我的专业态度。4年的理论学习,毕业论文的选题其实就是学习成果,或是自己最感兴趣的研究方向。我赶紧回禀,做的是关于兰亭论辩方面,后生小子妄谈书圣。老先生笑了:我也参与过兰亭论辩,我同意郭沫若的观点,你看过我的文章吧,有没有参考到你的论文中?我赶紧回答:看到您的文章了,兰亭论辩专集里有您和郭老、启功先生的文章,每一篇我都认真拜读了。这时我又反问老先生:您现在对兰亭序的看法有改变吗?史老的声音高了些,斩钉截铁地说:到现在,我的观点也不改,我还是坚持我的观点。

对这位看了几十年文物的老人来说,住院真的够闷。朋友给老先生带来个东西,请老人看看,也让老人开开心。史老用手掌接过物件,一掂重量,随口说着,这是秦始皇统一以前的东西,那时候度量衡不统一,这东西比标准器要重、可能是六国其中一个国家的东西,标准器应该是250克,这东西大概得有250克。这把我吓了一大跳,要知道10克的重量差别多么微乎其微,用天平称还差不多,80多岁的老人就这么用手一掂,就能分出这么微小的差别,真的神乎其技了。

"拿筷子吃饭啥都不影响,写几个字不碍事。"看到老人右手上插着输液器,我不敢说让老先生拿笔,没想到老先生自己看上了我手里的签字笔,一笔一划地写了起来。老先生旧学修养深厚,虽然是用签字笔写字,但完全是毛笔的用法,点划之中,全神贯注。以前见过不少史老毛笔写的墨宝,看老人用签字笔写来,别有一番韵致。竖写的"中国收藏"4个字左边,史老郑重地签上自己的名字。

  不知不觉间,我们已与老人闲聊了1个多小时,医生、护士也来了,静静地在旁边听我们闲谈,虽然都知道超过了探视时间,但看老人兴致勃勃,都没好意思打断老人。就连那位在门口值班的管理员,起先还不肯让我们进来,反复求情才肯通融,现在也凑了进来,听这位老人侃侃而谈,显然他们平时不知道这位胖胖的老人,竟然是位国宝级的鉴定大师。"秦始皇以前,啧啧,2000多年!"老人的闲谈,无异于在做古代文化的讲座。

  虽然意犹未尽,为了不过多打扰老人,我们真该告辞了。史老眼尖,一眼瞥见我们带来的水果和牛奶,笑呵呵地说:你们来看我就是了,还带什么东西呀,知道我爱吃是不?我们赶紧告诉老人,这病房不让送鲜花,怕对他的身体恢复不利,只好带来这些东西,并再次真诚地祝愿老人早日康复,真诚地祝愿老人健康长寿。

  笑声中,我们揖别老人

先生，我们会好好读书
——追忆与史树青的二、三事

刘全保

（写在前面）2007年11月7日晚上，第八届中国艺术节期间。我与出席活动的友人在武汉梦寮茶馆谈古论今、扯东道西，大家聊得正得意之时，我转身离开躲到角落里拨通了国家博物馆胡老师的电话。因为手机刚刚接到一媒体同仁信息：传史树青先生今晨作古，请予核实。慌乱之中，对方的几句话得以证实了这个噩耗：先生因心脏衰竭抢救无效，7日凌晨1时在阜外心血管医院去世，享年86岁。

惊悉先生遽归道山，哲人其萎，增我悲思。次日返京后，取出书柜中由先生提笔的"汲艺斋"墨迹、翻看着采访先生时做的笔记、从像册中找出与先生在不同场合的合影。静思片刻之后，在电脑上用"二指禅"敲出此文追忆先生，以示悼念。

11月15日，先生殡日，天心未泯，天心亦悔，心头阴霾化雨，淅淅漱漱和亲友哀痛共坠。

先生，我们会好好读书！

和先生算是忘年交吧，虽仅有几面之缘，他却留给了我一笔财富。先生一直在激励着我读书，他说："书是古先生。"

2001年，因欣赏先生的品行和才识，斗胆托乡俗求得墨宝一件："汲艺斋"；2006年新年，中央国家机关青联在华宝斋为友人荣宏君

先生举行"荣宏君写梅展",有幸与先生一同进餐交流;

2007年"两会"结束后,去先生寓所对其做了专访,随即《人民政协报》和《藏书报》分别在4月4日和7月23日发表了《"国宝"史树青:读书养生增学问》《"国宝"史树青:读书养生 淘宝为国》报道;

2007年6月28日,全国政协在政协礼堂举行"委员活动日暨茶友会"期间,同与先生品茶聊天,成为与先生的作别之幕。

"书是古先生"是先生留给我的精神财富。

我自小喜欢书法和收藏,说来惭愧,直到1999年才知道先生大名。求学期间,在恩师李功先生〈联合国教科文组织授予"民间工艺美术家"(帖学)〉影响下对拓印艺术产生了浓厚的兴趣,随即开始了碑帖收藏。1999年暑假,我进京"淘宝",有幸在北京琉璃厂的中国书店拜会了我国著名的古籍版本专家郭纪森(事后知道,他与史树青是知交)老先生,从他的言语中第一次对"史树青"这个名字有了印象。

有了这次京城的"开眼",我回到学校产生了一个冲动,斗胆通过郭先生请求史老为我筹办的"汲艺斋民间文化艺术苑"提写匾额。2001年后,收到了郭先生寄来的挂号信,小心翼翼的打开后,题款为史树青的"汲艺斋"三个字,娟秀、飘逸、洒脱。我欣喜若狂。郭先生在来函中转述了史老对年轻人的托付。他喜欢和年轻人交往,同时也非常关心年轻人的成长,支持年轻人加入到收藏队伍中来,同时,他还告诫年轻人"要多读书、多学习、多思考"。对别人的请求,先生有求必应,对于年轻人格外关照。这已经成为我对史先生永恒的记忆。先生是我心中的丰碑!

2003年9月,我从燕赵晚报北上光明日报社,参与新京报的筹办并任北京新闻部记者。当时,在北京落脚后的第一件事情就是准备去探望史老,但因种种原因一直未能如愿。时光一直到了2006

年的元月2日,才与先生相见。

2006年元旦次日,中央国家机关青联在华宝斋举办"荣宏君写梅展",史树青以宏君先生师长的身份出席。这是我第一次和先生"碰头"。当时的情景至今仍记忆犹新。开幕式中,85岁高龄的先生身子很硬朗,一直坚持和大家一样站着,也并未让人扶持,只是左臂挂着手杖,还不停地鼓掌。

在见先生之前,尚有几分敬畏与胆怯。可是,见了先生后却有一种异常的亲切感。作为大学者,大鉴定家的史树青没有丝毫的所谓"大家做派"。健朗的先生是一副慈祥、宽厚、和善、可亲的长者形象。先生言谈不多,但话语中总有大师般的诙谐与幽默,看到他乐呵呵的笑容,听到他朴实而诙谐的谈话,我感到特别的轻松自然。

中午用餐时,跟先生聊起当年斗胆索求墨宝和有关乡俗郭纪森先生的情况。期间,我拿出印有"汲艺斋"的名片,先生看后说,"汲"字现在看来写的不到位,随即拿起圆珠笔在上面又写下圆珠笔版的"汲艺斋"三个字。这次真正见证了先生对学问的认真。在询问了先生身体状况后我们一起合影,考虑到先生年长且颇有劳累,让他坐我站。先生坚持要站着合影。"人人都要平等吗。"先生乐呵呵的说。在宴会上,对每一位合影者,先生都是来者不拒。他开玩笑的说:"合影是要收费的,每次就给一毛吧。"说完后,先生爽朗幽默地笑出声来。笑语中不难看出先生对后生的关爱和呵护。

如今,这朴实而略带幽默的笑语永远印我在脑海中。

全国青联委员、青年画家、文物鉴定家荣宏君先生是史先生的关门弟子、得意门生。交流中得知,先生是被荣宏君的吃苦敬业精神所感动,并欣喜于他为人朴实厚道,随即收他为徒。眼下,欣赏宏君的作品,意感文人气十足,意蕴深远,笔墨老辣而生动,所画底蕴丰厚,既有浓厚的书卷气,又充满现代气息。宏君说,之所以有这样的后劲,是因为牢记了恩师史先生的教诲:"读书乃是书画艺术之根本"。原来，宏君在作画之余，潜心研读诗文，人文古蕴盎然于胸。宏君说："先生经常说'书是古先生'。"

2006年，我到政协全国委员会的机关报人民政协报去工作。今年3月全国政协十届五次会议在北京刚刚结束。我在查阅委员资料中得知史树青是第七、八届全国政协委员。油然产生了一个念头，去为先生写篇报道！

这次对先生有了一个全面的了解。

今年3月29日，在宏君夫妇的陪同下，与收藏杂志和北京师范大学的两位友人一同去了先生的寓所。一进门看到坐在阳光下的先生前庭饱满、满头银发、满面红光、两眼炯炯、体胖如佛。给人以和蔼、安详。见有客来访，先生礼貌地起身点头微笑，示意大家坐下。

可以说，这是我第一次坐下来静静地聆听先生的教诲，再一次感受到先生盛名之下的可爱之处。采访中，先生精神矍铄，讲起话来虽然态度和蔼，但铿锵有力，有着一种让人不得不信服的坚定感。他思路清晰、声音洪亮、中气十足。中气之中透着认真与执著。察觉先生的眼神，找不到普通老者的浊钝感，而透出的是清澈的灵气。谈到"捡漏"时的兴奋，先生就要起身说是带大家去潘家园蹓跶，从中展现了老人的脱俗童心，体现了博学多才的大家风范。

先生在接受了长达一个小时的采访中，把鉴宝和长寿的秘诀道给我听。不！是传授给所有的年轻人！

2007年4月4日和7月23日，采访先生的报道分别以《"国宝"史树青：读书养生增学问》、《"国宝"史树青：读书养生 淘宝为国》在《人民政协报》、《藏书报》上刊发。随后被各大门户网站转发。通过媒介将先生对年轻人的嘱托传播出去。

6月28日下午，全国政协举行"在京全国委员活动日"，再次与先生偶与。聊天中先生谈论最多的也是读书。而这次成了与先生的作别之幕。

"书是古先生。"先生说，自己的学问全部源于读书，而读书又有利于身体的健康。在先生看来，读书一举两得。的确，先生一生为学、读书无数，披沙拣金、征史探源，终成就一代大家。

在文博界，都会称先生为"活辞海"。北京东城区一条有着近800年历史的老胡同，有一间旧四合院是史树青原来居住的地方，在这里他住了40多年，这里还藏着他多年积累下来的3万多本书，这些书是他一生最大的财富，也是他丰富学识的最根本源泉。先生曾赋《书缘十咏》10首，"十缘"是：买书、收书、点书、抄书、选书、校书、藏书、品书等。他常说，这种记忆是需要积累的，需要用功才能做到的。而这种功夫也是鉴定的基本功，最少需要记住5000个人名，还有相关的字、号、别号、斋号、师徒传承、社会关系等等，都要烂熟于心，这样在鉴定时才能找到证据或发现疑点。同时，搞鉴定还要懂"书皮学问"，拿到的不管是金、玉、书画还是陶瓷，都要知道查什么工具书，把它的来龙去脉搞清楚，说白了就是"按图索骥"，不花大价钱藏书、不下死功夫读书的人没法搞鉴定。所以，先生非常重视年轻人是否读书，每遇见喜欢读书，一心向学的年轻人，总会不厌其烦传授他读书的心得体会。与先生相交的时间不算长，但在这一点上结识过先生的人都身感受益良多。

老人读书的习惯一直到他生命的最后一刻，而且读书是利于身体健康。先生曾说："我认为读书是可以健身的。读优美典雅的诗篇，有利于胃病的愈合；读幽默小品之类的书，有助于神经衰弱的医治；读小说能使病人精力集中，有助于病人的康复。书籍不但给人以文化教养，还兼有对紧张心理迅速抚慰、消除的效果，哪怕是随意翻翻，也能起到暂时充电和解乏的作用。"

回忆起与先生交谈的时刻，每谈到什么事情，总能旁征博引，为我们打开一扇通往古典精神世界的大门。而今，哲人其萎，我便请友人刻闲章一枚:"书是古先生"。一来纪念先生,二来铭记先生教诲,为激励自己的求学之心。

先生,请您放心的走吧!因为我们会铭记您的教诲:我们都会好好读书、勤于思考。

2007 年 11 月 9 日

博雅驿中西丛林共仰千秋树

逸世青宽仁特品简学孚长思

史树青先生千秋

范曾敬挽

◎ 著名书画家范曾先生书挽联

六十年同窗蒭蕘論學鑒古至今文博多遺憾　庶卿硯仁兄千古

憶此界裒鴻儒跨世紀兩代蒙眷辨儷評真贗　同學弟劉廼中拜挽

◎ 著名书法篆刻家刘乃中先生书挽联

凄风摧大树
苦雨泣春泥

史公桥青先生 永安
中石辛巳启名家挽

◎ 著名书法家欧阳中石先生书挽联

鉴古开今垂高楷 评真识赝铸盛名
君长前辈千古 愚后辈 鞠雅儒拜勉

拳拳忠心书生本色
朗朗丽日君子情怀
恩师史君长先生为人朴实坦荡，治学严谨，于后学心传手授，循循善诱，每与先生接手如沐春风。先生卞和献宝之忠心可鉴，仁者爱人之君子高风可仰。先生之归道山，岂止吾辈扪面垂泪可丧乎？联中"朗朗丽日"言先师之天真无私本性也。
丁亥十一月初六 受业 吴占良 苑涛 贾凤聚 敬挽

人钦论著我受慈怜最忆普陀行未料文魂归南海
捐赠无私鉴评有据常
为榜样学好悬德镜照西天
史老千古 常江泣挽

名留后世德及中华
精神不死风范永存
史树青先生千古 中国艺术研究院 研究生院研究生会挽

大行无碍
君长夫子悉地圆满往生极乐
后学刘栋 田国福 李国庆 同拜奉

能诗能笔即真才 且休说品藻万古燕山夜话
为国为民皆实绩 更那堪
心事一生碧海青天
史树青先生千古 张晓凌敬挽

砚冷墨残竹影书屋失旧主 自此再有疑难无问处 情寒意悲品一草堂丧恩师 奈何只能锥心哭先生
史树青先生千秋 学生荣宏君泣挽

恩师育我 敦敦教导 铭刻心间 泰斗陨落 三拜而泣 顿失明灯
恩师史老树青先生仙逝以此为念 丁亥立冬 唐健钧泣书

博文通史 擅书精鉴终成国宝
苦雨凄风 哀乐挽联永别大师
史树青先生千古 丁亥立冬 刘育新挽

凄风摧大树 苦雨泣青泥
史树青先生永安
中石率女启名敬挽

索余题句助我研红二酉琅擐传秘笈 为国献言同君议政古珍今宝见诚衷
史树青千古 周汝昌 挽

音容犹在水月清风流典范 津梁顿失晨钟暮鼓望慈云
史树青先生千古 学僧觉真 后学马国庆拜挽

少时即亲教言每忆奖掖增愧感 老去同鹰馆选孰料哀痛奠哲人
东堂先生灵右 后学刘宗汉拜挽

君长千秋人汉石隋泥同不朽 后学双行泪水痕墨气失知音
史树青先生千古 中华两岸文化艺术基金会茌汉生痛挽

大雅云飞梁木坏史家树 老成凋谢泰山颓青还在
史树青先生千古 学生袁学军挽

史公楼月冷遗世品鉴多灼见 寿终德永在 平生业绩足千秋
史树青先生千古 魏广君挽

博雅驿中西叢林共仰千秋树
宽仁待品节学界长思逸世青
史树青先生千秋 范曾敬挽

六十年同窗莫逆论学鉴古至今文博多遗爱 跨世纪两代蒙眷辨伪评真
最惜此界丧鸿儒
庶卿砚仁兄千古 同学弟刘乃中拜挽

学界良师文博大家今何处 清风接引明月伴 随觅仙踪
痛悼史树青先生 晚学文卿书敬挽

英灵直上重霄九 美德永远留人间
沉痛哀悼最尊敬的史树青先生 中国收藏家协会全体敬挽

恩师远行
文物专家 鉴定学者 出类拔萃 进入史册
国学诗词 辅仁骄子 德艺双馨 幸有树青
学生杨云城 郑海生 林竹雪 曹建忠 叩首

噩耗传来热泪挥，同窗挚友竟西归。
姑苏偕往成空话，文物共研不可追。
七十年间频呼应，三千界上立丰碑。
陈门雁阵今何在，八宝山头振翅飞。
史树青学长永垂不朽 丁亥立冬 刘乃崇率子群宗武 哭挽

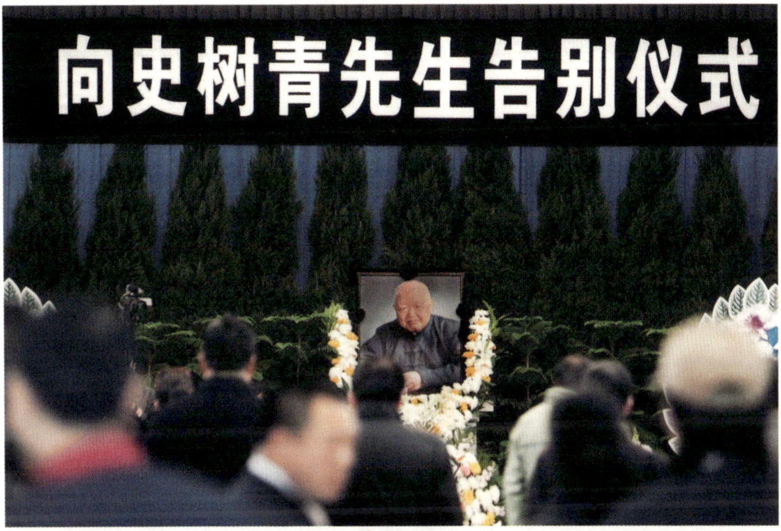
向史树青先生告别仪式

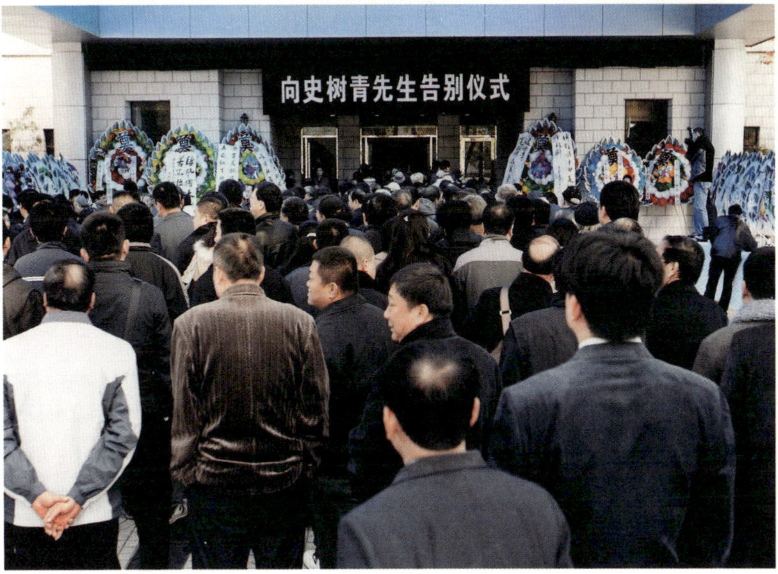
向史树青先生告别仪式

◎ 丙戌年冬月应荣宏君、徐建国之嘱，韩博先生为史树青大师塑像二尊，一在北京史先生寓所，一在湖北名人铜像纪念馆（襄阳汲古斋）。

史树青先生生平

史树青先生,1922年8月16日生,河北乐亭人,著名学者、文物鉴定家、国家文物鉴定委员会副主任委员,中国国家博物馆研究员。因患冠心病,心力衰竭,2007年11月7日凌晨1时在北京逝世,享年86岁。

史树青先生1945年毕业于北京辅仁大学中文系,1947年毕业于北京辅仁大学文科研究所,师从陈垣先生研究史学。历任国家文物鉴定委员会副主任委员、中国收藏家协会会长、《收藏家》杂志主编、《文物》杂志编委、中国考古学会理事、中国古文字研究会理事、国家文物局咨议委员会委员、南开大学历史系兼职教授、研究生导师、北京大学考古系硕士研究生导师、中央民族大学兼职教授、南京师范大学艺术学院兼职教授、马来西亚艺术学院兼职教授、新加坡国立大学李兴前国立博物馆顾问、日本广岛毛笔博物馆顾问等,曾任第七、八届全国政协委员、文体卫生教育委员会委员,享受国务院特殊贡献专家津贴。

1947年史树青先生到国家博物馆的前身国立中央博物院北平历史博物馆工作,从此便与博物馆结下了不解之缘,开始了他在博物馆界的辛勤耕耘之路。在此期间,先生不仅主持文物鉴定工作,同时,在文物入藏、编目、保管等方面做了大量艰苦细致的工作,对博物馆藏品管理等业务工作提出了"制度健全、帐册清楚、鉴定确切、编目详明、保管妥善、使用方便"的真知灼见。先生一生过目文物达一百余万件,经先生之眼被甄选的大量珍贵历史文物纷纷走进了博物馆。1976年,李章汉先生经史先生介绍捐赠给了中国历史博物馆一件《北凉沮渠安周造寺碑》孤本。此碑为我们提供了十六国时期西北地区少数民族与汉族关系的史料,同时也填补了北凉沮渠历史研究的空白,不失为一件藏品中的瑰宝。经先生鉴定征集的《成吉思汗画像》和《成吉思汗腰牌》补充了馆藏元代文物缺项。作为第七届、第八届全国政协委员,先生足迹遍及大江南北,为全国的文物保护、文物鉴定做了大量有益的工作,并在政协会议上提出了各级领导干部要认真学习和贯彻《文物保护法》、加强执法检查、严防文物的走私与盗掘等建议,得到国家的重视与采纳。

史树青先生在长期的工作实践中,不仅积累了丰富的文物鉴定经验,对书画、古文字、青铜、陶瓷、碑帖等类文物的研究和鉴赏都有很高的造诣。同时,他又博学多才,勤奋钻研学术,笔耕不辍,出版了多部学术著作,并在各类学术刊物上发表了多篇学术论文,是一位学术生涯长久、业绩斐然的"国宝级"大师。先生的主要著作有《祖国悠久历史文化的瑰宝》《天安门》《长沙仰天湖出土楚简研究》《中国历史教学挂图》《哈萨克族简史》《应县木塔辽代密藏》《史树青金石拓本题跋选》、《中国文物精华大全》《中国历史博物馆馆藏法书大观》等。除上述论著,先生晚年又将其主要的学术论文汇编成集,出版了《书画鉴真》《鉴古一得》《鉴宝心得》三部著作,为我们留下了极为丰富的历史、文化、文物鉴定等方面的弥足珍贵的资料。

史树青先生在学术方面的贡献卓著,如1988年被国务院列为第三批全国重点文物保护单位的孔望山石刻,经先生考察后,认为不是传说中孔子率七十二弟子登山望海,也不是秦王乱点兵等内容,而是早于敦煌石窟200年,开凿于东汉时代的佛教石刻。此说受到许多专家肯定。在青岛发现宋代手抄金书《妙法莲华经》七册。这些发现,对佛教史、艺术史、中外关系学史研究都具有重要价值。1955年以来,他亲自参加了河南郑州二里岗商周战国遗址发掘、河北易县燕下都战国遗址发掘、山西侯马遗址调查及浙江河姆渡遗址调查等。近年,先生虽然年事已高,身体多病,但仍坚持在考古文博的第一线,并参加了国内外许多学术活动,坚持文物鉴定,关心祖国的文博事业,先生终身对文博工作的热爱和强烈的责任感、敬业精神值得我们敬仰和学习。

史树青先生不仅是一位学者,一位和蔼可亲的长者,更是一名具有诚挚爱国情操的知识分子。多年来,先生不仅为国家广收文物精品,而且还将自己珍藏多年的汉铜熨斗、隋大业六年铜佛造像、唐三彩腾字圆盘、明海瑞《草书轴》、清代邱逢甲的《行书诗轴》等一批极富历史价值的文物捐献给了国家。

先生把自己的一生全部献给了祖国的文博事业,他丰富的文化底蕴,深厚的学术功底,严谨的治学态度,,挚热的爱国情感,无私的奉献精神,是我们宝贵的财富,值得我们永远学习和发扬。逝者如斯,而先生精神长存!

史树青先生安息吧!

后 记

　　史先生的纪念文集今天能够出版，首先感谢国家图书馆的馆长詹福瑞同志和成斌琴女士。没有他们的帮助就不可能搜寻到这么多在网络上发表和在报刊上刊登的怀念史先生的文章。我们还要感谢这么多德高望重，年事已高和史先生相处几十年有，着深厚感情的同志、同事、朋友、同行。这么多的学者、专家、同行、朋友，他们在专业事务繁杂，社会活动繁忙的情况下从未推托的为史先生撰写纪念文章并赋诗题辞。夏玫云的亲人夏吉生先生在病床上为文集思考书名。罗哲文先生为文集题写书名并作序。雅昌公司的万捷先生和何曼龄女士一口答应为文集免费印刷。文物出版社的苏士澍和孙霞同志为文集发行和进入销售渠道提供一切帮助。这里还要特别说明的是有若干文章是从网络和报刊上辑录下来的，有些文章的作者从未谋面，也没有同他们联系的渠道。为了充实文集的内容，不得不录用这些文章，在此说声抱歉，不妥之处还请诸位谅解。所有这一切的一切才使史先生纪念文集能够正式出版发行。

　　出一本书说容易也真不容易，说不容易也还容易。如果没有以上这么多同志、同事、朋友的全力以赴的协助、帮忙。我们怎么可能梦想成真，怎么可能有今天的史树青纪念文集的正式出版。史先生在天有灵，他一定为有今天这么多的真正的朋友、同志、同事、学生而高兴、而微笑、而心存感激。

作为先生的亲人，我们用感谢感恩是远远不够的。我们为先生有这么多的好朋友而感到骄傲，感到无比的光荣。最后我们只有再用谢谢再一次地感谢你们，感谢你们对先生纪念文集所做的一切！

夏玫云
2009年10月 于北京

责任编辑：孙　霞
责任印制：陆　联
封面题字：罗哲文

图书出版编目（CIP）数据

斗室的回忆：史树青纪念文集／海国林，夏玫云编.—北京：文物出版社，2010.1
ISBN 978-7-5010-2886-3

I.①斗…Ⅱ.①海…②夏…Ⅲ.①史树青（1922～2007）-纪念文集Ⅳ.①K825.81-53

中国版本图书馆CIP数据核字（2009）第200791号

斗室的回忆-史树青纪念文集

海国林　夏玫云　编

文 物 出 版 社 出 版 发 行
（东直门内北小街2号楼）
http://www.wenwu.com
E-mail：web@wenwu.com
北京雅昌彩色印刷有限公司印制
新华书店经销
635×965　1/16　印张：16
2010年1月第1版　2010年1月第1次印刷
ISBN 978-7-5010-2886-3　定价：38.00元